Tutti Bikini capta sunt

ADRIENNE BRAUN

# Von den Niederungen des Seins

ODER
TUTTI BIKINI CAPTA SUNT

Eine Sammlung Kolumnen

KLÖPFER&MEYER

# Vorwort

»Ich muss mich entschuldigen«, antwortet Adrienne Braun in der Kolumne von der schönen Madame Pompadour mit dem gepriesenen »Hahaha« ihren Lesern. »So war es nicht geplant«, fährt sie erschreckt fort und versucht, die Fülle der Zuschriften abzuwehren, die ihr nach einer vorausgegangenen Glosse auf den Schreibtisch geflattert sind. Dort war viel gespaßt worden über die sadistischen, sexistischen und chauvinistischen Liedchen, die man in der Kindheit gar nicht so unschuldig und deshalb mit mordsmäßigem Spaß sang – und selbst alte Leserherzen hat offensichtlich daraufhin die Erinnerung gepackt, und sie lieferten Stoff für einen weiteren Text der Kolumnistin.

So muss es sein, wenn in einer Zeitung eine Kolumne, eine Glosse, ein Feuilleton erscheint. Denn diese Texte sind von ganz anderer Art als alle Artikel sonst in einer Zeitung. Schon der Titel der hier vorliegenden Sammlung von Kolumnen, die in den vergangenen vier, fünf Jahren in der Wochenendbeilage der Stuttgarter Zeitung erschienen sind – »Tutti Bikini capta sunt« – lässt niemanden auf eine Nachricht, eine Information hoffen, wie er sie täglich von seiner Zeitung erwartet. Zunächst einmal kauft oder abonniert man ein solches Blatt, um *sich mit dem Geschehen in der großen, weiten Welt bekannt zu machen. Die Nachrichten aus Politik und Wirtschaft gehen jedermann an, sie müssen so objektiv und sachgerecht wie möglich sein, oft hat der Bericht darüber nicht einmal einen Verfasser, und falls doch, dann wählt auch er eine Sprache, so korrekt, so unscheinbar wie möglich. Die Nachricht führt den Leser in eine Welt hinaus, die ganz bestimmt nicht die seine ist, eine, die seine Privatheit vielleicht tangiert, nie aber von ihm, sondern bestenfalls von den Vertretern beeinflusst werden kann, die er gewählt hat. Er selbst findet sich also in diesen Nachrichten wieder als Subjekt einer Allgemeinheit, die größer und wichtiger ist als er.*

*Das Feuilleton entschädigt ihn für diese Askese vom Ich, für diese Abstraktion, die das politische Interesse von einem guten Bürger verlangt. Die Themen des Feuilletons kümmern sich um seine ganz privaten Vorlieben. Es berichtet vom gesellschaftlichen Leben, von berühmten Menschen, von Feiern, von Kunst, Musik und Architektur, von Veranstaltungen jedenfalls, an denen jeder, der will, teilnehmen kann, ja an denen so mancher Leser gerade gestern teilgenommen hat. Immerhin richten die Artikel ihren Blick noch auf Bereiche der Kultur in allen Zonen der Welt. Erst das Feuilleton im engeren Sinn, dieser kleine Text, der meist in eine Spalte eingeklemmt ist und den man auch Glosse, Kommentar, Kolumne nennt, das also, was weltberühmt wurde als Wiener Feuilleton, verlässt ganz die Objektivität und Großräumigkeit der Berichterstattung in der Zeitung. Das zeigt sich schon daran, dass hier entschieden eine Person für den Text einzustehen hat. Die Kolumne ist ein literarisches Genre, sein Autor kann sogar als Klassiker in die Literaturgeschichte eingehen, was einem Nachrichtenschreiber nicht widerfahren wird. Kurz, das Feuilleton ist Literatur, die Zeitungsnachricht Information.*

*Nun hat aber die Kolumne nicht nur einen Autor, sondern sogar ein Gesicht. Das Foto, mit dem der Autor oder die Autorin sich persönlich am Kopf des Textes vorstellt, ist zwar eine neuere Einrichtung und den besseren technischen Möglichkeiten der Reproduktion geschuldet, doch bringt es den Charakter und die Aufgabe der Kolumne erst so richtig zum Ausdruck. Der Kolumnist hat eine persönliche Meinung, er verantwortet aber nicht nur diese, sondern sogar auch noch das, worüber er schreibt, den Gegenstand selbst. Dieser liegt nicht in weiter Ferne, wie jene Kriege, Wahlen, Gesetzesentscheidungen, Katastrophen, von denen sonst in der Zeitung die Rede ist; er findet ihn in der Nähe, denn er schreibt vor allem über die Belange seiner Mitmenschen, und der Gegenstand liegt ihm nah und am Herzen, denn er wählt aus dem Alltag, der ihn umgibt, das aus, was ihn persönlich interessiert und äußert dazu seine Meinung. Der Kolumnist ist Botanisierer im menschlichen Alltag.*

*Deshalb hat der Kolumnist nicht einfach Leser, sondern er hat* seine *Leser. Mit ihnen trifft er sich immer zur gleichen Zeit an immer demselben Ort – er unterhält so etwas wie einen Stammtisch aus Worten; seine Leser würden einen Unfall oder Krankheit vermuten, wenn der Text, um den man sich zusammenfindet, einmal ausfiele. Deshalb muss auch der Leser den Eindruck haben, dass er den, um den er sich allwöchentlich versammelt, von Angesicht zu Angesicht kennt. Der Zeitung verschafft der Kolumnist den persönlichen Kontakt zu den Lesern. Zwar erregen diese sich mehr über den politischen Kommentar, die kleinen Seitenhiebe der Kolumne aber binden sie persönlich ans Blatt. Die Kolumne ist eine Umgangsform, keine Lektüre.*

*Deshalb beansprucht der Leser auch ein Mitspracherecht, und jeder gute Kolumnist gibt zu verstehen, wie sehr ihm an Anteilnahme gelegen ist. Wenn Adrienne Braun hochfährt und ausruft: »So war es nicht geplant«, wehrt sie – rhetorisch – die Mitspieler ab, die nun einmal übers Ziel hinausgeschossen sind. Zum Mitmachen, Mitdenken, zum Räsonnieren und Urteilen aber ruft die Glosse immer auf. Letzlich ist ja der Leser nicht nur Adressat des Textes, sondern eigentlich sein Gegenstand, er ist nicht nur passiver Leser, sondern vor allem Kenner der Materie, denn sie beschäftigt sich nur mit Sachen, die ihn angehen und von denen er etwas versteht.*

*Der Verfasser und seine Person sind also an der Kolumne das Wichtige, doch strebt die Bekanntschaft mit ihm weit über sein Aussehen hinaus. Vor allem schätzt der Leser seinen Kolumnisten des Eigenwillens wegen, und dieser kann, da der Schreiber sich ausschließlich in Worten vorstellt, nichts anderes sein als sein literarischer Stil. Viel besser als in den einzelnen Blättern, die Woche für Woche erscheinen, lässt dieser sich beschreiben, wenn die Kolumnen sich zum Buch häufen.*

*So besteht gerade hier die Chance zu entdecken, wer sie nun denn sei, diese literarische Individualität Adrienne Braun?*

*Man muss sich vor ihr in Acht nehmen, denn sie schaut durch Wände und deckt auf, was sie zu sehen bekommt. Ob man unter der Dusche steht oder sich im Fitness-Center abstrampelt, nach Italien reist ohne Sprachkenntnis oder in der Provinz bleibt trotz schwachem Selbstbewusstsein, ob man sich ein Glas Milch eingießt oder lieber hungert und sich dem neuen Sparkurs beugt, den Gürtel enger schnallt und doch ein neues Handy kauft – immer sie ist dabei, ja sie tut manchmal sogar so, als sei sie selbst es, die in Schwierigkeiten gerät und Dummheiten macht. Sie nimmt dem Leser das Wort aus dem Mund und die eigenen Erfahrungen weg, spielt mit ihnen und zeigt ihm, wie er zu jener Weisheit gelangen könnte, die der Apollo-Tempel in Delphi jedermann empfiehlt: »Erkenne dich selbst«.*

*Doch verprellt sie ihren Leser nie. Sie schlüpft in eine Rolle, die keiner anders finden kann denn liebenswürdig: in die der Göre. Ihre Frechheit ist Übermut, ihre Bosheit hat Charme, ihre Belehrung bleibt verzeihliche Altklugheit. Sie zeigt sich über Mängel, die sie an ihren Mitmenschen ausmacht, nie missvergnügt, sondern eher quietschvergnügt. So fühlt sich jeder durchschaut und keiner verletzt. Auch steht dieser Göre ein sicheres Mittel zur Verfügung, mit dem sie ihre kindische Besserwisserei als Spaß ausgeben kann: das Wortspiel. Die schwachen Reizungen eines bürgerlichen Milieus geben in ihrer Sprache einen starken Ausschlag. Wenn einer eine Tube Zahnpasta zur Hand nimmt, weiß sie schon, dass das etwas mit Tubenschlüssel, Tubenfalz, Tubenschlüsselschlitz zu tun hat und ähnlich wie ein Dynamitron, ein Betatron, ein Zyklotron und Mikrotron wohl ein Tubotron sein könnte. Die klangvollen Vokale entzücken, aber die Autorin bringt denselben Effekt auch mit blassen Konsonanten zustande, wenn da einmal LSD, MFG, BKB usw. miteinander ein Konzert geben.*

*Adrienne Braun ist eine Akrobatin der Wörter, sie jongliert und vollführt Zauberkunststückchen. Die Zeitungskünstlerin kann sich durchaus mit dem Straßenkünstler messen. Die Geschwindigkeit ihrer Einfälle braucht allerdings einen Leser mit wendigem Geist, und auch der hat noch so viel zu denken, dass ihm dies bisschen Kritik entgeht, das sich gegen ihn richtet. Tatsächlich aber schreibt die Kolumnistin, die so sehr auf das Wort fixiert ist, Gedichte, kleine Prosagedichte – und wem hätte eine gedichtete Kritik je weh getan. Das Wortspiel, das Adrienne Braun übt, hat wenig zu tun mit Sprachkritik, die zu den wichtigen Themen von Feuilleton und Glosse gehört. Sprache macht hier einfach Spaß: Schon Gott hat seine Welt aus dem Wort erschaffen, und so etwas wie Schöpfungslust ist es denn auch, an der der Leser hier teilnehmen darf.*

*Hannelore Schlaffer*

## *Das Schadige durchsetzen*

Kürzlich ist bei mir etwas durchgebrannt. Ein kleines schwarzes Ding mit Löchern für die Nippelchen einer Halogenbirne. »Nee«, sagt der Mann im Baumarkt, »so was gibt's nicht.« »Doch«, sag ich, »gibt es wohl, sonst hätte es ja bei mir nicht durchschmurgeln können. Erst hat es geflimmert, dann gestunken, dann war's zappenduster.« »Nee«, sagt der Elektrofachberater wieder, »hammer nicht, gibt's nicht.«

Ich gehe gern in Baumärkte. Neulich wollte ich eine Zange, mit der man die Hülle von Drähten abziehen kann. »So was zum Strippen«, sag ich zum Verkäufer, »so eine Kabelhüllenabziehzange oder Drahtbloßlegehilfe, einen Gummischutzhülsenentfernungsapparat. Da muss es doch etwas geben.« »Nee«, sagt er, »hab ich zwar schon mal gehört, hammer aber nicht.«

Das Besondere an Baumärkten ist ja, dass sich Kunden und Verkäufer gegenseitig meist für dusslig halten. Verständlicherweise. Erst vergangene Woche stand ich neben jemandem, der einen »Wasserkopf« wollte. »So etwas, um die Düsenstärke und Strahlform beziehungsweise die Strahlstärke und Düsenform zu regulieren.« Die einen haben einen »sabbernden Kombihahnenkomplex«, die anderen wollen ein »Käschtle, um Viertelrundholzleisten für Rein- und Rausecken zusägen zu können«.

Das wirklich Schöne an Baumärken ist: Man geht immer klüger raus als rein. Bereichert durch neue Worte wie Aderendhülsen. Ringkabelschuhe. Doppelmaulschlüssel. Nassbohrkrone. Oder Biobirne. Wobei das kein Verkäufer sagte, sondern eine Kundin. Sie bekam dann eine energiesparende Kompaktleuchtstofflampe mit integriertem Vorschaltgerät und klassischem Schraubsockel.

Es gibt eben für so ziemlich alles einen Fachbegriff. Ich darf nur an die Niederschlagswassergebühr erinnern. Oder Siedlungsabfälle. Warenendmarkierung. Siebkorb-Exzenterventile. Kupplungsnippel mit Rückflussverhinderer. Trotzdem muss man ständig neue Worte erfinden. Neulich habe ich gekräuterte Butter gekauft und ein Buch gesehen, mit dem man sich begruseln lassen kann. Ich selbst kämpfe seit Jahren für die Substantivierung von schade – das Schadige ist aber, dass sich das einfach nicht durchsetzt. Eine Freundin spricht immer von klugscheißerlich. Von Schnippsgummis. Mittagsloch. Triumphalistisch. Kürzlich hat sie in einem Brief geschrieben, die Sache sei jetzt endgültig notfällig.

Eine sprachliche Herausforderung sind ja auch Tanzkurse. Da muss der Körper im Seitversatz stehen. Erst wird der Fuß rangebürstet, dann kommen gekurvte Schritte in Richtung Tischgruppe, danach Promenadenkreisel und 60-Grad-Drehung. Das ist fast so schön, wie wenn mir eine Freundin am Telefon Computertipps gibt. »Da gehst du einfach mit den Mäusetasten ein Stück runter oder lässt an der Seite den Rollboppel schnalzen. Dann Rückputztaste, String plus V – und gut ist.«

## Socke S und Saugender S 1

Vor ein paar Tagen habe ich eine Socke eingesaugt. Ein weißes Sommersöckchen, das mit einem saugschmatzenden Schlurpp verschwand. Ich habe einen Blick in die Multifunktionsdüse geworfen, fachmännisch durch das Saugrohr geschaut, den Schlauch abmontiert und in ihn reingeblasen. Als ich mich schließlich wiederfand, wie ich mit dem Finger im Loch des Saugbeutels die Staubmäuse betastete, kam mir plötzlich Voltaire in den Sinn. Der französische Aufklärer sagte sehr treffend: »Man erstickt den Verstand der Kinder unter einem Ballast unnützer Kenntnisse.«

Recht hat er. Unser Physiklehrer hat zwar mal vom obersten Stockwerk des Schulgebäudes Federn, Kugeln und Papiere ins Parterre fallen lassen, die wir unten wieder einsammeln mussten. Aber wo eine eingesaugte Socke abgeblieben sein könnte, hat uns niemand gelehrt. Um das herauszubekommen, könnte man es mit der Formel $v = s : t$ versuchen. Wie hoch ist die Geschwindigkeit $v$ einer Socke $S$ auf der Strecke $s$ (Summe aus Staubsaugerschlauch + Saugrohr)? Und das bei einer Saugleistung von 1.800 Watt?

Für all jene, die jetzt noch rechnen, sei zumindest verraten: Die Geschwindigkeit v der Socke S ist mindestens doppelt so hoch wie die Reaktionsfähigkeit des Saugenden (S1). Will sagen: Selbst wenn man das Gerät sofort ausschaltet, schafft es eine behäbige Baumwollsocke, sich in den Abgründen eines Staubsaugerbeutels zu verstecken. Ich habe den Beutel zu guter Letzt aufgeschnitten. Neben einer Interdentalbürste, einem Fünfcentstück und jeder Menge Dreck kam nach langer Suche eine dunkelgraue, staubige und völlig verdreckte Socke (S) heraus.

So hält der Haushalt viele interessante Experimente zur Erwachsenenbildung bereit. Eine Freundin hat neulich ihren weißen Wasserkocher mit Balsamico-Essig entkalkt. Jetzt ist er braun. Ich kenne auch jemanden, der sein Auto mal in der Sonne mit Lackpflege poliert hat. Als er von der Kaffeepause zurückkam, hatte er zwei Lackschichten weniger. Alles nur Chemie.

Apropos Chemie: Kunststoffe bestehen bekanntermaßen aus Millionen verschlungener Molekülketten und können anders als Metalle bereits bei Temperaturen von 250 bis 300 Grad verarbeitet werden. Den wahren Sinn dieses »Ballasts«, wie Voltaire es wohl nennen würde, habe ich aber erst begriffen, als ich den Kühlschrank einmal besonders schnell abtauen wollte – und einen Heizstrahler davorstellte.

## *Staubmagnet mit Mikrofaser*

Wunder gibt es immer wieder. Um die berühmte Wunderexpertin Katja Ebstein zu zitieren: »Heute oder morgen können sie geschehn. Wenn sie dir begegnen, musst du sie auch sehn.« Ich sehe sie. Täglich. In meiner Küche. Dazu muss ich nur mal kleckern, tropfen oder trielen. Dann wedle ich kurz mit meinem Wunder-Mikro-Aktiv-Faser-Tuch darüber – schon ist alles weg. Natürlich könnte ich auch den Reinigungshandschuh Mach 6 mit 13 Millimeter Florhöhe benutzen. Seit ein paar Tagen bin ich sogar im Besitz der ultimativen Wunderwaffe gegen jeden Schmutz: Das ist ein grasgrüner Plüschpuschel. Der Saubermeister-Super-Mikrofaser-Handschuh mit Kapillareffekt.

In Sachen Wunder macht mir so schnell also keiner etwas vor. »Gib nicht so an«, meinte eine Freundin kürzlich, »du hast doch nicht mal den Staubmagneten.« Dann hat sie mir einen Vortrag gehalten über elektrostatische Ladung. Sie schloss mit den Worten: »Der Staubmagnet hat tausend Mikrofasern. TAUSEND.«

Das hat mich dann doch geschabt. Deshalb habe ich zu Hause mal nachgezählt: Mein Nano-Handschuh-Igel hat sogar 35 Millionen Einzelfasern. Ich wiederhole: 35

Millionen. Natürlich habe ich die Freundin sofort angerufen und ins Telefon geplärrt: »Mein Nano-Handschuh-Igel hat 35 Millionen Fasern.« Da war sie baff.

Wie gesagt: Wunder gibt es immer wieder. Deshalb hat man früher in der Waschmaschine den Bluemagicball mitgewaschen, der dann aber von Waschnüssen abgelöst wurde. Es gab das Magic-Mopp-System. Das Blaue Wunder. Ich habe eine Weile statt Spülbürste eine Loofah-Gurke benutzt, weil sie als Wunderwaffe des Spülbeckens angepriesen wurde.

So kommt in einem Haushalt einiges zusammen. Eine Freundin hatte neulich im Bad ein schwarzes Monstrum liegen. Das sei eine elektrische Styling-Bürste, mit der sie mehr Volumen in ihr Haar bringen will. Sie hat sich auch mal einen sehr teuren Gesichtsvibrator gegen Falten gekauft. Sie hat ihre Schenkel in Wunderfolie gewickelt. Ihre Füße über Noppenrollen geschoben. Als Nächstes will sie sich einen Trimmer anschaffen, mit dem die Muskeln gestählt werden, während man gemütlich auf dem Bett liegt. »Meinst du, das geht?«, hat sie mich gefragt. »Wunder gibt es immer wieder«, hab ich ihr geantwortet, »kann halt sein, dass man sie nicht sieht.«

## *LSD bei der MFG mit BKB*

Ich habe mir die Sache mit Darwin zu Herzen genommen. Da nur die Anpassungsfähigen bestehen, müssen heute auch Kolumnen flott sein. Konzise, kurz, knackig, zackig. Es interessiert doch nicht, wenn, sagen wir mal, irgendeine Schreiberin beim Heraustrennen des Etiketts ein Loch in ihren neuen Pullover schneidet. Das will doch niemand wissen. Heutzutage ist Effizienz gefragt. Knappe, starke Geschichten. Kurz. Kürzer. Abgekürzt.

Wie die Geschichte von der ev. Pfr'in aus den Nebulä und der Prof'in für MHD. Die beiden haben sich in den Semferien in der VHS-AG »NLP bei LRS und RLS« kennengelernt. Die Pfr'in macht zwar z. Zt. FDH, weil ihr BMI (lt. WHO) das Max. erreicht hat. Trotzdem wollten die beiden essen gehen. Da die »Krone« aber das MHD mehrfach überschritten und vom WKD wegen Verstoßes gegen die LMHV geschlossen wurde, landeten sie »Bei Hotte«. Hotte ist optisch der Typ VOKUHILA. Früher APO, SDS et al., wurde vom BKA observiert und bei einer MFG mit BKB in einem Pkw (BMW) mit LSD erwischt, vom OLG in die JVA eingewiesen, wo er u. a. für den TÜV ASU-Plaketten ausschneiden musste. Nach der Entlassung wollte Hotte

VWL, WIWI o. Ä. studieren, wurde aber nichts draus (Zitat Hotte: »LMAA«). Deshalb verkauft er jetzt eben LKW, Togo & Co. Mit Wuschel. Seiner Lastrami.

Das ist schon erstaunlich, wie viel mehr Inhalt man plötzlich unterbekommt. Nur wegen ein paar Abkürzungen. Wobei es Leute geben soll, die nicht einmal wissen, was hbl heißt. Oder LLK. Oder DAGM. Eine Freundin sagt immer ISDS statt ISDN. Ich weiß nicht, was Darwin dazu gemeint hätte. Aber ich weiß, was wir in der Schule in solchen Fällen riefen: DBDDHKP! SAV!

Pfr'in: Pfarrerin
Prof'in: Professorin
MHD: Mittelhochdeutsch, Mindesthaltbarkeitsdatum
NLP: Neurolinguistische Programmierung
LRS: Lese-Rechtschreib-Schwäche
RLS: Restless-Legs-Syndrom
FDH: Friss die Hälfte
BMI: Bodymaßindex
LMHV: Lebensmittelhygiene-Verordnung
VOKUHILA: Vorne kurz, hinten lang
MFG mit BKB: Mitfahrgelegenheit mit Benzinkostenbeteiligung
LKW: Leberkäsweckle
Togo: Kaffee to go
Lastrami: Landstraßenmischung (Hund)
DBDDHKP: Doof bleibt doof, da helfen keine Pillen
SAV: Selbst Aspirin versagt

## *Die Salatblätter hängen am Popo*

Kürzlich habe ich im Restaurant Kartoffeln als Beilage bestellt. »Genieß es«, meinte eine Freundin, »die Zeiten sind eh bald vorbei.« Wieso das? Ab Mitte vierzig, sagt sie, sind Kartoffeln tabu. Müsli natürlich auch. Brot sowieso. Reis erst recht. Außerdem: nie wieder Spätzle und Spaghetti, Farfalle und Fusilli, Pipette und Pennette, Bavette und Bucatini. Die machen nämlich alle ordentlich dick. Seit sie fünfzig ist, müsse sie Kohlehydrate nur anschauen, erklärte die Freundin, schon nehme sie zu. Das stimmt wirklich. Als meine Kartoffeln auf dem Tisch standen, kam sie mir tatsächlich viel dicker vor.

Im Grunde gibt es ja nur noch zwei Themen bei gesellschaftlichen Anlässen. Die einen erzählen vom Urlaub, wo sie Pfunde draufgespachtelt haben. Die anderen erzählen, wie sie zwischen den Urlauben die Pfunde wieder versuchen loszuwerden. Nach mehreren Partys kann ich sagen: Um abzunehmen, muss man nur drei Regeln befolgen. Cutting Carbs. Low Fat. Sugar Busters. Konkret heißt das: keine Getreideprodukte. Kein Fleisch. Keine Milchprodukte. Keine Hülsenfrüchte. Kein zuckerhaltiges Obst. Kein stärkehaltiges Gemüse. Kein Alkohol und keine süßen Säfte. Der Vorteil: Man muss seine Küche nie wieder renovieren. Man braucht sie nämlich nicht mehr.

Ich kenne viele Leute, die eigentlich immer Diät machen. Eine Freundin arbeitet seit Jahren an einem »Gestaltwandel«. Eine andere hungert sich durch die Woche und schlägt am Wochenende voll zu. Wiederum eine andere trinkt vor dem Essen einen Liter Wasser, damit in den Magen nichts passt. Die nächste trinkt zum Essen gerade nichts, damit die Magensäfte nicht verdünnt werden – »Sonst hängt sich das nämlich direkt auf die Hüften«, sagt sie. Die eine isst abends nur Salat. Die andere isst abends nie Salat, weil der nachts nicht verdaut wird und die Salatblätter dann am nächsten Morgen am Hinterteil hängen.

Wobei ich das ja gern mal sehen würde.

Falls ich je abnehmen muss, bin ich zumindest schon jetzt bestens informiert. Ich werde einfach die Blutgruppendiät machen und im Sommer die South-Beach-Diät. Zwischenrein darf es auch mal die Zuckerknacker-Diät sein, und falls man Lust auf ein Vollkornbrot hat, steigt man eben auf die Scarsdale-Diät um. Sonntags gibt es die Halleluja- oder die Jesus-Diät. Falls das alles nichts hilft, werde ich es mit dem Spezialrezept einer Kollegin versuchen: Man darf sich immer nur auf die Waage stellen, wenn man sicher ist, abgenommen zu haben.

## *Da muss ein Knopf dran*

Es gibt so Sätze, die bewegen die ganze Nation. Da muss nur einer sagen: »Wohnst du noch, oder lebst du schon?« Und schon rattern die Hirne, und allüberall wird getextet wie Jöte in der Morgenröte. »Suchst du noch, oder fliegst du schon?« »Schuftest du noch, oder verdienst du schon?« »Googelst du noch, oder forschst du schon?« Da kann man nur sagen: Nicht immer, aber immer öfter.

Früher war man mit fünf Mark dabei, heute weiß man: »Wo Euro draufsteht, ist auch Euro drin.« Oder: »Wo Solingen draufsteht, ist auch Solingen drin.« Aber, man beachte: »Nicht überall, wo Goethe draufsteht, ist auch Goethe drin.«

Alles Müller, oder was?

Kürzlich saß ich in einer Konferenz. Nachdem der Kaffee kalt und die Kekse aus waren, verdüsterte sich die Stimmung im Raum abrupt. Da ging beim Chef erst das Licht aus und schließlich der Rollladen runter. Kurz und gut: Es herrschte Land unter.

Dann aber sprach ein Kollege eine große Wahrheit gelassen aus: »Wir sitzen doch alle in einem Boot!« Das musste mal gesagt sein. Plötzlich war klar, dass wir alle an einem Strang den Karren aus dem Dreck ziehen müssen, damit der Tanker wieder auf Kurs und endlich in den grünen Bereich kommt. »Stimmt«, sagte da einer und winkte der Sekretärin mit dem Zaunpfahl. »Aber damit ein Schuh draus wird, müssen wir Nägel mit Köpfen machen!« Und alles jubelte: »Au ja, dann sind wir auf der sicheren Seite.« Fertig, Ende, Amen.

Wir haben dann gleich mal das Zeitfenster sperrangelweit aufgerissen und frischen Wind reingelassen. Bereits nach ein paar Minuten waren die wichtigsten Dinge auf der Makroebene auch schon in trockenen Tüchern. Wir haben uns in einem Feintuning noch kurzgeschlossen, wer die Kohlen aus dem Feuer holt – und fertig war die Laube. Nach einer halben Stunde hat der Chef einen Knopf an die Sache gemacht, war der Kittel geflickt und kam die Kuh vom Eis.

Seitdem stimmt die Richtung wieder, und wir sind im grünen Bereich. Die Kekse sind aufgefüllt und die Rollläden wieder oben.

Ähm, halloo! Lesen Sie noch, oder schlafen Sie schon?

Zugegeben, wenn mal wieder ein Kittel geflickt werden oder eine Kuh vom Eis muss, stehen mir manchmal die Haare zu Berge. Einmal haben sich meine Fußnägel sogar so energisch hochgerollt, dass ich Löcher in die Socken bekam. Und mir ging ein Licht auf: Wo Fußnägel drin sind, bleiben sie keineswegs immer drin. Nicht immer, aber immer öfter. Wenn ich dann auf hundertachtzig bin, findet sich aber doch meistens jemand, der säuselt: »Jetzt mal halblang. Koch das erst mal runter, und stell es unter eine andere Headline.« Und während ich noch protestiere, dass ich nichts unter den Teppich kehren will, weil es sich hier letztlich nur um die Spitze des Eisbergs handelt, sagt ein leises Stimmchen: Aber, aber, jetzt lass mal fünfe grade sein!

Und auch wenn ich eben noch zur Sau raus wollte und mein Schwein noch ein bisschen pfeift, liege ich schon draußen auf der Wiese – und lasse die Seele baumeln. Man gönnt sich ja sonst nichts, oder?

## *Mit dem Müll zur Hauptpost*

Gähnen, das ist ja bekannt, steckt an. Neu war mir allerdings, dass das auch zwischen Mensch und Tier funktioniert. Wenn zum Beispiel der Vater gähnt, dann gähnen nicht nur die Mutter und sämtliche Kinder sofort mit, sondern sogar der Hund. Sofern er zu den immerhin zweiundsiebzig Prozent aller Hunde gehört, die automatisch immer mit Frauchen und Herrchen mitgähnen. Andersherum geht das auch: Wenn Wuffi gähnt, reißen sechzig Prozent der Halter ebenfalls artig den Mund auf.

Schon sonderbar, der Mensch. Ständig macht es mit ihm Dinge, von denen er nichts bemerkt. Wenn eine Bekannte etwas Aufregendes aus ihrem Leben erzählt, beginnt sie den Tisch zu prügeln. Sie schleudert die Arme durch die Luft. Schaukelt gefährlich auf dem Stuhl. Man kann nur noch schnell die Gläser in Sicherheit bringen und hoffen, dass sie nicht Brillengestelle oder Schlüssel vom Tisch fegt. Alles dreht sich nach ihr um. Die Einzige, die von dem Furor nichts mitbekommt, ist sie selbst.

Da fragt man sich schon, welches Teufelchen uns da regiert. Mich zum Beispiel. Seit kurzem ertappe ich mich immer wieder dabei, dass ich »aha« sage. Einfach so.

Beim Schuheputzen. Aha. Unter der Dusche. Aha. Beim Spülen. Als würde eine fremde Stimme aus mir sprechen.

Die Teufelchen sorgen oft auch dafür, dass man sich kratzt, wo es gar nicht juckt. Dass man an Ohrläppchen zerrt. Nasen reibt, Nägel knabbert. Oder hinläuft, wo man nie hinwollte. Eine Freundin ist neulich bis zur Hauptpost marschiert – mit der vollen Mülltüte in der Hand.

Aha.

Manche Leute laufen beim Telefonieren automatisch los. Rüber ins Bad, in die Küche, vor der Eingangstür wird kehrtgemacht, dann einmal rund ums Sofa. Und später wundern sie sich, dass die Pantoffeln schon wieder durch sind.

Eine weitere Freundin legt sich dagegen sofort ins Bett, wenn jemand anruft. Mir wäre das peinlich, wenn der Mann von der Versicherung meine Bettfedern rascheln hörte. Aber sie stört das gar nicht. Meistens fängt sie auch recht bald an zu gähnen. Und ich natürlich sofort mit. Dann gähnen die Vöglein vor meinen Fenstern. Die Katzen auf den Simsen. Der Schornsteinfeger. Der Briefträger. Und innerhalb von ein paar Minuten ist der komplette Stadtteil lahmgelegt. Nur, weil die Freundin sich zum Telefonieren hinlegt.

Aha.

Und so wandern wir wie Marionetten mit unseren Mülltüten geheimnisvolle Muster ab, gähnen, kratzen, zerren, klopfen. Wie Automaten. Automatenhaft stand denn auch die Tochter einer Bekannten kürzlich abends um zehn gestiefelt und gespornt im Flur. Sie hatte den Wecker falsch gestellt. Gähnend, aber entschieden erklärte sie den Eltern: »Der Wecker hat geklingelt, also muss ich aufstehen.«

## *Saure Milch für die Kollegen*

Seit ein paar Tagen ist bei uns das Treppenhaus stockfinster. Kuhnacht und zappenduster. In den unteren Stockwerken sind sämtliche Birnen kaputt. Also habe ich mich durch die Finsternis getastet, um bei den Herrschaften im Parterre zu fragen, wie es mit einer neuen Glühbirne wäre. »Nö«, sagt der Mann, »das sehe ich ja gar nicht ein.« »Nö«, sagt seine Frau, »das soll mal schön der Hausmeister machen.«

Leider haben wir keinen Hausmeister. Also tasten wir uns weiterhin durch die Finsternis. Und warten, ob jemand vorbeischaut und uns neue Glühbirnen reindreht.

Vor ein paar Tagen hatte ich mit einer Freundin eine Diskussion: Darf man Bananenschalen aus dem Auto werfen? Ja oder nein? »Ja«, sagt die Freundin, »allerdings nur, wenn sie auf einem Grünstreifen landen.« Wenn man nicht gerade einen Fußgänger treffe, könne man auch bedenkenlos Apfelbutzen, Nussschalen und Aprikosensteine rauswerfen. Oder alte Vesperbrote. Selbst Zwiebelringe vom Hamburger sind erlaubt. »Aber«, sagt sie, »es muss grundsätzlich kompostierbar sein.«

Und was ist mit dem Rest? Mit den benutzten Taschentüchern? Den Keksschachteln? Leeren Dosen? Oder mit Kippen? Das will man doch nicht durch die Gegend kutschieren. Also: Heizung hochdrehen. Scheibe runter. Raus damit. Soll der Hausmeister es doch wegräumen. Oder der Verkehrsminister. Dafür ist der ja schließlich da.

Nun ein kleiner Exkurs in die Etymologie, Stichwort Gemeinschaft: Im Altgermanischen meinte »gemein«, dass etwas mehreren abwechselnd zukommt. Ich zitiere: »Da das, was vielen gemeinsam ist, nicht wertvoll sein kann, erhielt das Wort den abwertenden Nebensinn unheilig, alltäglich, gewöhnlich, roh, niederträchtig.«

Weil das möglicherweise nicht alle verstanden haben, hier drei Beispiele, die den Gegensatz zwischen Gemeinschafts- und Privatraum veranschaulichen:

- Im Privatraum wirft man Prospekte oder Werbesendungen ins Altpapier. Im gemeinschaftlichen Raum lässt man sie auf den Boden fallen.
- Zu Hause muss man das Toilettenpapier auswechseln. In der Wohngemeinschaft überlässt man das den anderen.
- In der eigenen Küche kippt man saure Milch einfach weg. Im Büro stellt man sie in den Kühlschrank zurück.

So ein finsteres Treppenhaus hat übrigens durchaus seine Vorteile. Man könnte zum Beispiel unentdeckt den Müll seinen Nachbarn vor die Wohnungstür stellen. »Das ist doch gemein«, meint die Freundin. Und vor allem: Wenn alles voller Müll stehe, »wie soll dann noch jemand eine neue Glühbirne einschrauben?« »Nö«, sage ich, »nö, nö, nö. Um solche Fragen kann ich mich nun wirklich nicht kümmern. Das musst du schon mit dem Hausmeister diskutieren.«

## *Hauptsache gespart*

»Was kostet bei euch eigentlich gerade das Benzin?«, fragt eine Freundin immer, wenn wir telefonieren. Es wäre einfacher, sie würde nach dem Wetter fragen, da schaut man mal eben zum Fenster raus und kann qualifiziert antworten »so lala« oder »mittel«. Früher habe ich in Sachen Benzinpreis genuschelt »Öh, lange nicht mehr getankt«, aber weil das auf die Dauer so nicht weitergehen konnte, bin ich mit der Wahrheit rausgerückt: »Keine Ahnung, was der Liter gerade kostet.« Ehrlich gesagt: Mir ist es völlig schnuppe, was der Liter Benzin kostet, weil ich eh immer volltanke. »Na«, antwortete die Freundin da spitz, »du kannst dir das offenbar leisten!«

Es hat ja jeder so seinen eigenen Umgang mit dem Geld. Manche Leute überweisen Monat für Monat persönlich die Pauschale für den Strom – und wenn man dann sagt, dass so ein Dauerauftrag eine praktische Angelegenheit ist, entgegnen sie »Ich muss mein Geld eben zusammenhalten«. Andere fahren eine halbe Stunde um den Block, um sich dann doch eine Knolle einzuhandeln. Wenn man aber mit Parkhaus kommt, kriegen sie ganz rote Ohren: »Halsabschneider! Ausbeuter!«

Vor ein paar Monaten rief eine nette Dame an und sagte: »Sie haben zwei Wochen Urlaub gewonnen.« Als könne sie Gedanken lesen, fügte sie hinzu: »Sie denken jetzt sicher: Wo ist der Haken?« Dann erklärte sie, dass es dieses eine Mal keinen Haken gebe und ich auserwählt sei, zwei Wochen Urlaub in einem tollen, mehrsternigen Hotel in Griechenland oder Spanien zu machen – und dafür nur ein Jahr eine Wochenzeitung abonnieren müsse. Da ich mich schon schnurrend und Zeitung lesend am Meer wähnte, habe ich (»Sie müssen sich allerdings sofort entscheiden«) kurzerhand Ja gesagt.

Wie das nun ausgegangen ist? Der attraktive »Urlaub« bestand aus der Übernachtung. Allein der Flug kostete mehr als eine Pauschalreise. Deshalb wollte ich das jetzt eigentlich verfallen lassen. Bis eine Freundin mir kräftig den Kopf gewaschen hat: »Du wirst doch nicht so blöd sein, das einfach verfallen zu lassen. Wann bekommt man schon die Übernachtung im sonnigen Spanien umsonst?«

## *Das ist so etwas von behind*

Am Donnerstag war Weltspartag. Mir fiel Drumbo ein. Drumbo, der Sparelefant meiner Kindheit. Drumbo war orange und unser Sündensparschweinelefant. Für jedes Schimpfwort musste man in Drumbo fünfzig Pfennig (für junge Leser: Das sind 0,255.645.940.598.109.242.623.336.384.041.56 Euro) werfen. Da Drumbo leicht zu leeren war, kam allerdings nie viel zusammen. Man musste nur die Plastikhälften aufhebeln und mit Pritt wieder zukleben.

Ich weiß gar nicht, ob heute solche Erziehungsmethoden noch erlaubt wären. Wut muss schließlich raus. Wobei wir auch mit Drumbo, unserem Sündensparschweinelefanten, weiterhin fröhlich fluchten. Aber eben kreativer. Man sagte zum Beispiel »Schitti«. Oder »Scheibenkleister«. Und in besonders schlimmen Fällen auch mal »schöne Superschitti«.

Die Linguistik behauptet, dass rein theoretisch jedes Wort als Schimpfwort verwendet werden kann. Also auch Schubladenscharnier. Oder Ohrenstäbchen. Linkshänderlineal. Ich dagegen behaupte: Man kann noch so laut »Ostermontag« rufen. Man kann »Sahnehäubchen«

schreien. Es funktioniert einfach nicht. Keine Affektabfuhr, keine Entlastung. Bestenfalls halten einen andere für gaga, wenn man die Kaffeekanne umwirft und dann »Thrombosehose« brüllt.

Ein bisschen unanständig muss es eben schon sein. Kicherkicher. Pfuipfui. Du kleiner Schweinigel, du! Ich sage ja zum Beispiel sehr gern »verdammte Hühnerharke«. Oder »so ein elender Hasenmist«. Muffel-Furz-Teufel ist auch nicht übel, wobei das die Olchis erfunden haben. Bei uns im Büro rufen in Krisensituationen manche Kollegen auch mal nur »Popo«. Kurz, knackig, pragmatisch.

Wobei ich neulich gelesen habe, dass Chefs durchaus »Scheiße« sagen dürfen. Leute, die noch Karriere machen wollen – sie wurden im besagten Bericht als »High Potentials und Alphatiere« bezeichnet – sollten hingegen stets die denglische Formulierung »das ist ja so behind« benutzen.

Ich habe mal von einer Dame gehört, die war so vornehm, dass sie nicht nur niemals fluchte. Sie nahm auch keine Wörter in den Mund, die entfernt mit Kicherhüstelpfuiduferkel zu tun haben könnten. Deshalb konnte sie in der Öffentlichkeit nie auf die Toilette gehen. Ich selber kannte ein Mädchen, das wohl ebenfalls etwas mit den guten Manieren missverstanden hatte. Und bei einer großen, sehr feinen Gesellschaft kurzerhand auf den Stuhl machte.

Wahrscheinlich hatte die Familie auch einen Drumbo daheim. Oder Knax. Goldi. Und sicher besitzt auch der Junge, den ich dieser Tage in der Straßenbahn sah, eine dieser Weltspartag-Strafspardosen. Er wollte seinen Freund beschimpfen, fand aber einfach nicht das richtige Wort. Bis er endlich brüllte: »Du blöder Apfelsaft.«

## *Teilstrecken erwandern*

Man weiß heute ja gar nicht mehr, wie man ohne Anrufbeantworter auskommen soll. Bei mir rufen die meisten Leute erst einmal auf dem Festnetz an und hinterlassen auf dem Anrufbeantworter, dass sie es jetzt gleich auf dem Handy probieren. Auf der Mailbox sagen sie »Ich hab grad schon aufs Festnetz gesprochen.« Anschließend rufen sie im Büro an und hinterlassen den Kollegen, dass sie jetzt einfach eine Mail schicken werden.

Vor kurzem hat ein Herr H. eine Nachricht für eine gewisse Frau L. versehentlich auf meinem AB hinterlassen: »Ich gehe vom ersten bis achten April zum Luganer See und im Oktober in die Eifel nach Bad Münstereifel.« Es klang ein bisschen so, als hätte er mal bei Loriot einen Sprachkurs belegt. In jedem Fall fahre ab Stuttgart ein Bus, in Bad Münstereifel gebe es noch einen Begleitbus. Weiter: »Kleinere Teilstrecken können erwandert werden, deshalb geht auch meine Frau mit.« Frau L. möge sich schnell entscheiden, ob sie mitwolle, die Plätze seien knapp – trotz Begleitbus.

Das hat mich dann doch beschäftigt: Was läuft zwischen Herrn H. und Frau L.? Und vor allem: »Kleine

Teilstrecken können erwandert werden, deshalb geht auch meine Frau mit.« Soll Frau L. lieber mit an den Luganer See kommen, weil da die Ehefrau zu Hause bleibt? Oder wollen sich Herr H. und Frau L. ein paar nette Stunden machen, während die arme Ehefrau Teilstrecken erwandert?

Ich habe Herrn H. angerufen, weniger aus Neugierde, sondern aus Sorge um Frau L., die nun daheim versauert, während die anderen Senioren sich in Bad Münstereifel mit dem Begleitbus zu den Teilstreckenwanderungen fahren lassen. Herr H. hat sich bedankt und noch schnell gefragt: »Und Sie haben nicht Interesse an der Reise?«

Nein, leider nicht, ich muss in nächster Zeit häufiger daheimbleiben und das Telefon hüten, damit es nicht wieder Ärger gibt. Neulich hat mir ein wildfremder Mann mit bayrischem Charme aufs Band gebrüllt: »Und dann nie da sein, du dumme Sau – Ende!«

## *Berliner sagen oft Schweinkram*

Es gibt schon interessante Erkenntnisse. So habe ich gelesen, dass 35 Prozent der Berliner am liebsten bis mittags im Bett blieben. Ein Fünftel aller Saarländer steht gern früh auf, während es in Nordrhein-Westfalen nur sechs Prozent ausgewiesene Frühaufsteher gibt. Das stimmt nachdenklich. Denn: Ziehen Langschläfer bevorzugt nach Berlin? Oder wird ein Langschläfer beim Umzug ins saarländische Großrosseln oder Kleinblittersdorf automatisch zum Frühaufsteher?

Man macht sich ja gar nicht bewusst, wie unterschiedlich die Menschen in den verschiedenen Regionen sind. Während sechzig Prozent der Deutschen einen Dialekt sprechen, sind es speziell in Ostberlin 84 Prozent. Im Saarland kommen sie sogar auf 94 Prozent (»Hasch du denne Dummschwätzer von Foarscha dòò geheerd? Die hann gesaat, dass alle Saarlääna saarläänisch schwätze. Isch hann das gar net gewisst, das is so noch nie gesaat wòòr.«).

Interessant ist übrigens auch, dass der Berliner auf acht Sexualpartner im Leben kommt, der Saarländer aber nur auf viereinhalb (»Un dann hann isch's Anna gefròòt, ob's Luschd hätt. Da hotts gesaat: ›Ei nää!‹«).

Die sexuelle Aktivität der Berliner, so eine andere Studie, begründet sich darin, dass 47 Prozent von ihnen »Dirty Talk« mögen, also schmuddeliges Geschwätz beim Verkehr. Im Saarland sind es dagegen nur 37 Prozent (»Hatma jòò kenna gesaad, dass isch rumwutze soll.«). Erwähnen möchte ich auch noch: Überall dort, wo Labskaus gegessen wird, verwendet nur jeder Dritte schmutzige Worte (»Hört ihr Mannslüüd, een starken Mann und een smucke Deern solln nich snacken.«).

Um noch kurz bei den Zahlen zu bleiben: 31 Prozent der Mecklenburger raten Singles, möglichst viel auszugehen. Menschen zwischen vierzig und fünfzig und über sechzig Jahren (Vorsicht: also nicht zwischen fünfzig und sechzig Jahren) empfehlen Alleinstehenden in der Regel den Besuch von Parteien, Chören oder Vereinen.

Rechnen Sie jetzt bitte aus: Wie viel Prozent der mecklenburgischen Singles zwischen 28 und 41 Jahren, die im Chor Falsett singen, finden einen saarländisch sprechenden Partner, der den Dirty Talk beherrscht (Antworten schriftlich an den Verlag)?

Aus persönlichen Gründen möchte ich zum Schluss noch auf eine wegweisende Studie aufmerksam machen. Gefragt wurde: Wie viele Leser dieses Textes gerade diesen Text lesen? Chapeau, das Ergebnis ist fantastisch: Es sind stolze hundert Prozent!

## *Hauptsache schwimmend*

Ich will Parkett verlegen. Weil der alte Holzboden zwei Weltkriege, sexuelle Revolution und Mauerfall überlebt hat und auch so ausschaut. Die erste Freundin sagt: »Nimm Laminat. Das ist billig und einfach.« Die zweite Freundin sagt: »Hol Parkett aus dem Baumarkt, das ist günstig.« Die dritte Freundin sagt: »Im Naturladen haben sie schöne Naturholzböden. Unbehandelt. Ohne Giftstoffe. Du willst doch nicht krank werden.« Die vierte Freundin sagt nur: »Da hast du dir ja was vorgenommen.«

Ich bin dann erst mal ins Fachgeschäft. »Holz auf Holz«, sagt der Verkäufer, »geht nicht.« Der Boden werde sich aufbäumen, krachen, knacken, bersten, grad so, wie einst die Erdplatten. Wenn ich mich nicht unglücklich mache wolle, sagt der Mann, »lassen Sie das. Aber vielleicht möchten Sie unsere Auslegeware anschauen?«

»Holz auf Holz?«, sagt der Mann vom Baumarkt. »Kein Problem. Aber nehmen Sie Parkett.« Er hat nämlich auch Holz im Wohnzimmer verlegt, damals, als sie das Häuschen gekauft haben. Die alten Schwellen unter den Türen hat er rausgerissen, die Handwerker haben, seine Frau hat ... und die Kinder ... und die Omi ... Kurz:

Oben bei der Tochter im Zimmer hat er, der Baumarktverkäufer, Laminat verlegt. Das lädt sich nun ständig auf und zieht den Dreck an. »Machen Sie nicht denselben Fehler«, sagt er, »nehmen Sie unbedingt Parkett, schwimmend verlegt – sonst schiebt der Boden die Wände weg, das kommt öfters vor.«

»Nehmen Sie Laminat«, sagt der Experte im nächsten Baumarkt, »das ist wie Parkett, nur mit anderer Oberfläche. Voll Holz, alles Natur.« Ich will trotzdem Parkett, und zwar schwimmendes. »Unsinn«, meint er. Wenn schon Parkett, dann müsse es ordentlich fest verklebt werden. Aber geht der Boden dann je wieder raus? »Natürlich nicht«, sagt der Mann. »Unsere Bodenleger verkleben immer alles, die werden es ja wohl wissen.« Er ist dann aber doch beleidigt und murmelt muffig: »Sie können natürlich machen, was Sie wollen.«

Aber was will ich eigentlich? Parkett verlegen. Oder nein: Ich wollte Parkett verlegen. Weil der alte Holzboden zwei Weltkriege, sexuelle Revolution und Mauerfall überlebt hat – und es deshalb sicher noch ein paar Jährchen macht.

## *Deppen mit Steppdecken*

Bei uns in der Papiertonne steckt seit Monaten ein altes Plumeau. So eine olle, geblümte Bettdecke, die definitiv nicht aus Papier ist. Deshalb wird die Tonne auch nicht mehr geleert. Das deprimiert mich. Das macht mir Sorgen. Schlimmer noch: Es löst Identitätskrisen aus.

Das ist nämlich so: Sobald ich mal wieder zum Müll gehe, muss ich wie zwanghaft nachschauen, ob die Decke noch da ist. Ist sie. Natürlich. Wo soll sie auch hin. Wer sollte sie schon rausholen. »Du, du, du!«, schreit mein Über-Ich immer exakt in diesem Moment. Dann will es mich zwingen, mit meinem frischen weißen Blüschen kopfüber in die 120-Liter-Tonne zu kriechen, heroisch den Augiasstall auszumisten und triumphierend das muffige Plumeau herauszuziehen. Um es am besten gleich noch bei der nächsten Abgabestelle für textile Haushaltsabfälle abzuliefern.

Man sagt ja übrigens: Unter der kleinsten Steppdecke kann der größte Depp stecken.

Eine Freundin zitiert in solchen Situationen gern Martin Heidegger. Wenn man im »Man« verbleibe, sei das Sein uneigentlich. Ich glaube, sie meint damit, dass man keine Kaugummis unter Stühle kleben sollte. Dass man den Müll trennt, wählen geht und nicht an der Kasse drängelt. Selbst wenn die Welt voller Steppdeckendeppen steckt.

Dabei ist das mit der Verantwortung gar nicht so einfach. Die Freundin zum Beispiel schüttelt im Hotel immer die Bettdecke auf und legt den Schlafanzug zusammen – um dem Zimmermädchen die Arbeit zu erleichtern. Bloß: Was wäre, wenn das alle tun würden? Wenn alle Hotelgäste ihre Bettdecke aufschüttelten, wenn sie vielleicht sogar noch schnell das Waschbecken durchwischen und lüften würden? Dann hätten zahllose Zimmermädchen bald keinen Job mehr.

Was lernen wir daraus? Das wüsste ich auch gern. Zumindest habe ich mir überlegt, dass nicht nur Verantwortung das menschliche Handeln in kausale Zusammenhänge stellt, sondern ebenso Nichtverantwortung. Geht man davon aus, dass Leute, die an der Kasse drängeln, auch ihren Müll nicht trennen, dann sind das vermutlich die gleichen wie die, die Kippen ins Treppenhaus werfen und Kaugummis unter Stühle kleben. Wahrscheinlich stecken sie zudem Plumeaus in Altpapiertonnen und gehen nicht wählen. Und das ist fast schon wieder verantwortungsvoll. Denn hinter der noch so unauffällig entsorgten Steppdecke wird doch nur ein Depp stecken. Der hätte ohnehin die falsche Partei gewählt.

## *Komm mal auf den Teppich!*

In den vergangenen Tagen wurde ich wiederholt gefragt: Was ist eigentlich aus der Steppdecke geworden? Steckt sie noch in der Papiertonne? Ja, tut sie. Hat sie jemand entsorgt? Nein, natürlich nicht. Aber eines hat sich geändert: Ich ärgere mich nicht mehr darüber. Ich habe nämlich gelesen, dass man statt sich aufzuregen Belästigungsmanagement betreiben sollte. Das ist ganz einfach: Bei Ziel-, Prozess-, Wert-, Sach- oder auch Beziehungskonflikten muss man zunächst eine Konfliktdiagnose erstellen. Anschließend werden in einem konstruktiven Konfliktgespräch konkrete Ich-Botschaften formuliert. Und schon verwandeln sich die Probleme in Win-win-Lösungen.

Nachdem aber weder die Papiertonne noch die Steppdecke zu einem konstruktiven Konfliktgespräch bereit waren, habe ich es bei einer Bekannten versucht. Wir haben immer wieder beruflich miteinander zu tun. Sobald ihr etwas nicht passt, wird man von ihr mit Beleidigungen bombardiert, und sie kübelt Frechheiten über einen. Im Zuge meines Belästigungsmanagements habe ich sie nun gebeten, ob es auch etwas freundlicher ginge. »Freundlich?«, rief sie. Sie sei stets sachlich. Höflich. Freundlich. Korrekt. Ich dagegen sei wohl nicht ganz bei Trost. Schiefgewickelt. Plemplem. Ihren sachlichen, höflichen, freundlichen wie korrekten Vortrag schloss sie mit den Worten: »Jetzt komm mal auf den Teppich!«

Gut, dass wir darüber geredet haben. Mit einem vernünftigen Gespräch lassen sich Probleme eben doch besser lösen. Eine Freundin versucht ihrem Mann immer wieder zu erklären, dass zu Eheproblemen ja wohl zwei gehörten. »Nein«, meint er, »an dieses Prinzip glaube ich nicht.« Wenn sie sich beschwert, dass er sie verletzt habe, ist er tagelang beleidigt. »Wäre zu schön«, sagt er dann, »wenn mich wenigstens meine Frau so akzeptieren würde, wie ich bin.«

Eine weitere Bekannte hat seit Monaten Ärger mit den Behörden wegen einer Hofeinfahrt. Erst wurden aufwendig Schilder angebracht, später stellte sich heraus, dass es die falschen Schilder waren. Wer denn aber die Kosten übernehme, die Schilder wieder zu entfernen? Sie sei nicht gewillt, schrieb jetzt die Dame vom Amt, sich mit dem Thema weiter zu beschäftigen.

Na dann. Muss ja nicht sein. Das scheint sich auch eine alte Freundin von mir zu denken. Wenn man mit ihr ein Problem besprechen will, fängt sie einfach an zu singen. Lauthals: »Glücklich ist, wer vergisst, was doch nicht zu ändern ist.«

## *Mit dem inneren Kind arbeiten*

Kürzlich war ich erschöpft. Ausgepowert. Abgeschlafft. Durchgenudelt. »Kann es sein, dass du duschst«, fragte eine Freundin. Duschen? Sie behauptet, dass beim Duschen die Energie direkt aus dem Körper raus- und auf Nimmerwiedersehen fortgespült wird. Deshalb solle man lieber baden. Die Energie macht im Schaumbad schöne Tauchübungen, sie gluckert, blubbert, putzt und schrubbt sich. Wenn man sie danach noch vorsichtig abtrocknet, erkältet sie sich auch nicht.

Weil ich aber nach dem Baden jetzt schon mehrfach im Trüben gefischt habe und weit und breit keine Energie finden konnte, habe ich mich zu einem Body-Balance-Kurs angemeldet. Dort mussten wir ziemlich fies Arme und Beine verknoten und danach im Liegen die Energie rauslassen. Erst aus den Fingern, dann auch aus den Zehen. Das hat im Grunde gut funktioniert, nur beim – ich nenne ihn jetzt mal so – Ringfingerzeh kam und kam einfach nichts. Gleich darauf sollten wir neue Energie in der Körpermitte aufbauen. Aber ich hatte ja schon alles abgelassen, deshalb war definitiv nichts mehr übrig. Freundlicherweise hat mir der Mann auf der Matte nebenan etwas abgegeben, damit ich wenigstens noch heimkomme.

Männer, habe ich gelesen, können ihre Energien leichter wieder in Fluss bringen. Zum Beispiel mit einer schönen Lingam-Massage. Ohne ins Detail zu gehen: Das ist eine energetisierende Massage im Genitalbereich. Frauen müssen sich dagegen mit Energietee zufriedengeben. Mit Ysop, Krausminze und Gänseblümchen.

Ich habe außerdem gelesen, dass die Energie überhaupt nur zurückkommt, wenn man mit seinem inneren Kind arbeitet. Das findet man allerdings erst nach der »Auflösung der Flüche«. Wenn die geschafft ist, muss man an der »radikalen Vergebung« arbeiten und einen »Abschied vom Opferdasein« herbeiführen. Hat man dann noch seine früheren Leben angeschaut und die Sexualität befreit, dann, aber auch nur dann, gibt das dritte Auge die Energie weiter.

Ich will mich da jetzt aber gar nicht lustig drüber machen. Sonst verderbe ich es mir womöglich vollends mit den Herrschaften in den Ufos. Ein Bekannter behauptet nämlich, dass am Jüngsten Tage Ufos kämen. Dann werde sich der Fernseher automatisch einschalten und es werde bekanntgegeben, wo die Ufos abfliegen. Natürlich habe ich ihn ausgelacht. Er aber hat sich sein drittes Auge gerieben und selbstgewiss erklärt: »Da ist natürlich nur für wenige Auserwählte Platz.«

## *Pimpanella isst den Tella*

Eine Freundin hat ein klein wenig abgenommen. »Der Bauch«, erklärte sie stolz, »flach wie 'ne Flunder.« Das hätte sie nicht sagen sollen. Unvermittelt sang es beim Stichwort Flunder aus mir heraus: »In einen Harung jung und schlank, zwo, drei, vier, sitt dada, tiralala, der auf dem Meeresboden schwamm zwo, drei, vier, sitt dada, tiralala.« Um es etwas abzukürzen: »Der Harung sprach: ›Du bist verrückt, du bist mir viel zu plattgedrückt, rutsch mir den Buckel runter, du alte Flunder.‹«

»Spinnst du«, sagt die Freundin, »was ist das für ein dämliches Chauvi-Lied?«

Mit so etwas ist unsereiner groß geworden. »Die Mundorgel«. Das war eine Sammlung christlicher und erbaulicher Lieder, die auf Jugendfreizeiten abgesungen wurden. Zum Beispiel: »Ich bin der Doktor Eisenbart, kurier die Leut auf meine Art. Zu Ulm kurier ich einen Mann, dass ihm das Blut vom Beine rann. Er wollte gern gekuhpockt sein, ich impft's ihm mit dem Bratspieß ein.«

»Schrecklich«, sagt die Freundin, »das habt ihr gesungen?«

Sie kennt das alles nicht. Nicht mal den Schuster aus Treuenbrietzen, der dem Sabienchen mit dem »Rasihiermesser schnitt ihr ab den Schlund«. Also habe ich ihr eben das Wichtigste vorgesungen: »O hängt ihn auf, ihn unsern Fürst«. Oder: »Da nahm der Koch den Löffel und schlug den Hund entzwei«. »Die Affen rasen durch den Wald, der eine macht den andern kalt«. Dann noch »Alle, die Wale und Robben fangen, müssen Männer mit Bärten sein«.

»Echt brutal«, sagt die Freundin.

Also habe ich es mit den schönen Liedern aus dem Mohrenland versucht. Aus dem Krale der Ovamba. Oder der »Italiano Antoni Macaroni und seine Pimpanella, die isst Salat mitsamt dem Tella«.

»Rassistisch«, sagt die Freundin.

Dabei war das doch immer so schön. Fideralla. Jupheidi, jupheida. Kalitschkakauka. O caramba. Tschingda tschingda. Die Freundin meint, das darf man alles nicht singen. Ob sie wenigstens das kennt, frage ich: »Auf dem Donnerbalken saßen zwei Gestalten, und sie schrien nach Klopapier«. Da ich das hier nicht so schön vorsingen kann, nur so viel: »Und da kam der Sechste, der sie all bekleckste. Und da kam der Siebte, als der Balken wippte. Und da kam der achte, als der Balken krachte. Und da kam der neunte, als die Sch... schäumte«.

»Das ist ja widerlich«, sagt die Freundin, »so was habt ihr früher wirklich gesungen?« Und ob. Katholische Jugend. Mit dem Pfarrer.

49

## *Die Pompadour ist eine Hahaha*

Ich muss mich entschuldigen. So war das nicht geplant. Hier stapeln sich die Briefe. Zahllose Leser müssen seit der letzten Kolumne zwanghaft »O hängt ihn auf« singen. Oder »Auf dem Donnerbalken«. Dabei wollte der Text doch das Bewusstsein schärfen für gruppenspezifische Herabwürdigung und strukturelle, institutionelle und sprachliche Diskriminierung in volkstümlichem Liedgut. Schließlich haben die Triple-Oppression-Theorie und die Intersektionalitätsforschung längst bewiesen, dass man »Zehn kleine Negerlein« nicht mehr singen darf.

Und jetzt? Werden meinetwegen allüberall Jugenderinnerungen wach und fallen Lesern noch viel schlimmere Lieder ein. Zum Beispiel: »Auf den Straßen von Havanna liegen Neger auf der Wacht. In den Straßen fließt der Eiter, der Verkehr geht nicht mehr weiter. An den Ecken sitzen Knaben, die sich an dem Eiter laben.«

Offenbar geht es nicht harmlos. Eine Lehrerin schreibt, dass sie versucht habe, bei dem Kanon »C-A-F-F-E-E« auf Türkentrank und Muselmann zu verzichten. Die Schüler sollten die politisch korrekte Version singen: »Üb doch lieber auf der Violin, stell die Notenblätter vor dich hin. Pack deine Geige aus, sonst geh ich gleich nach Haus.« Das sei stinklangweilig gewesen.

Trotzdem. Um unsere Gehirne wieder umzupolen, singen wir jetzt mal alle zusammen etwas garantiert Diskriminierungsfreies. Ein Kinderlied. Ich schlage vor: »Die Vogelhochzeit«: »Die Fledermaus, die zieht der Braut die Strümpfe aus. Rotkehlchen klein, das führt die Braut ins Kämmerlein. Der Uhuhu, der macht die Fensterläden zuhuhu. Nun ist die Vogelhochzeit aus, vielleicht ist schon der Storch im Haus.«

Kicherkicher, das war jetzt wohl doch nicht so harmlos. Probieren wir es eben mit »Der Sandmann ist da«: »Da guckt er schon zum Tor herein, er weiß, wo schöne Mädchen sein.«

Schade, auch nicht. Vielleicht Schlager? Roland Kaiser? »Jetzt zieh dich aus, Amore Mio. Wir sind zu Haus, Amore Mio. Trink noch ein Glas, Amore Mio. Das wird ein Spaß, Amore Mio.«

Ach je. Da bleibt wohl nur noch die Hochkultur. Operette, »Madame Pompadour«: »Die Pom, Pom, Pompadour ist eine große Hahaha, ist eine große Dame. Gepriesen sei ihr Hahaha, gepriesen sei ihr Name.« Die werte Frau Hahaha hat nachts angeblich das Zepter mit ins Bett genommen. »Und der König sich köstlich amüsiert, wenn sie tüchtig damit herumregiert!«

## *Flach wie ein Omelett*

»Zu dem gehst du jetzt aber nicht mehr«, sagte eine Freundin dieser Tage. Sie meint meinen Orthopäden. Er erzählt immer ungeheuerliche Dinge. Zum Beispiel von einer Patientin, die als Domina tätig ist. Man macht sich das ja nicht bewusst, wie anstrengend dieser Beruf ist. Das ewige Peitschen, Schlagen, Schnüren, Treten. Das geht im Lauf der Jahre natürlich auf die Bandscheiben. Führt zu Verspannungen, Fersensporn, Sehnenentzündungen. Besagte Patientin muss manchmal auch mit Stilettos auf den Geschlechtsteilen ihrer Kunden herumtrampeln. Mein Orthopäde hat das so beschrieben: »Flach wie ein Omelett.«

Deshalb soll ich nicht mehr zu ihm gehen, sagt die Freundin. »Das verbiete ich dir hiermit.« Aber das sind doch interessante Anekdoten aus der Mitte des Lebens. Worüber soll ich denn sonst schreiben?

Zum Beispiel über seine Frau, wünscht sich ein Bekannter. Mit der könne man ganze Seiten füllen. Sie schimpft ihn nämlich immer, wenn er auf dem Sofa Kekse isst und dabei krümelt. Oder wenn er beim Anfeuern des Kamins das komplette Wohnzimmer einrußt. »Das ist wirklich lustig«, findet der Bekannte, »darüber sollte man mal berichten.«

Schon passiert.

Ebenso könnte man über vieles andere schreiben. Zum Beispiel habe ich gelesen, dass über 75 Prozent aller Haushalte kalkhaltiges Wasser haben. Das ist wirklich interessant. Auch erschütternd. Aber mir fällt einfach nichts Lustiges dazu ein.

»Schreib doch über den Ausverkauf«, sagen die einen. »Oder über Umkleidekabinen.« Ein Leser schlägt die »Bikinifigur in 14 Tagen« vor. Ein anderer »Westwind aus westlicher Richtung«. Ich solle mal etwas über »Raffer am Büfett« machen. Oder über Kunststoffdärme. Die können »stramm gefüllt werden. Der Darm schrumpft sich optimal um das Brät. Der neue Frischhaltedarm muss nicht mehr geduscht oder gebadet werden.«

So richtig lustig ist das aber ebenfalls nicht. Also lieber zurück ins Eheleben. Ein Bekannter hat sich ein Aufnahmegerät gekauft, um heimlich in der Oper die Musik mitzuschneiden. »Das ist doch kriminell«, schimpft seine Freundin, »der spinnt ja. Schreib das mal in deiner Zeitung.«

Auch schon erledigt.

Bleibt nur noch ein Hinweis in eigener Sache: Ich bin offizielles Mitglied einer Jury, die die schönste Briefmarke hätte küren sollen. Leider habe ich die Frist verpasst. Und folglich keine Briefwaage bekommen. Trotzdem habe ich mich sehr geschmeichelt gefühlt. Und wollte das jetzt einfach mal loswerden.

## *Tutti Bikini capta sunt*

Dass früher alles besser gewesen wäre, will ich gar nicht behaupten. Aber: Es war unterhaltsamer. Es war komplizierter. Es ging auch mal was schief. Speziell im Urlaub erlebte man noch etwas. Da fiel auf dem Brenner der Auspuff ab. Man musste im Schlafanzug über den Flur zum WC. Man kämpfte nachts gegen drei Schnaken – und erzählte später: »Vierzig Stiche! In einer Nacht!«

Meine erste eigenständige Reise ging mit Freunden nach Italien. Während wir wichtigtuerisch auf der Piazza della Scala ein Acqua con gas tranken, räumte jemand ganz entspannt unseren R4 leer. Zahnbürsten, schmutzige Socken, sandige Handtücher – alles weg. Einer von uns konnte Latein, also musste er auf der Questura Meldung machen. Dort erklärte er »clepta in macchina« und »vestimenti et tutti bikini capta sunt«. Der Polizist hat das natürlich nicht verstanden, aber ich glaube, er war beeindruckt.

Heute erzählen nach den Ferien dagegen alle nur von Show-Cooking, Workflow-Lifebalance-Massage, Jet-Ski, Hot-Stone und Shisha mit Bananenflavour. Da lobe ich mir eine Freundin, der in Tunesien ein Parkwächter an den Popo gegriffen hat. Als sie zurück war, haben wir stundenlang debattiert, ob sie a.) hätte abreisen sollen, b.) beim Hoteldirektor eine Beschwerde einreichen oder c.) dem alten Lüstling kräftig eins an die Backe schlagen. Sie hat sich damals dummerweise für d.) entschieden. Und so getan, als hätte sie es nicht bemerkt.

Mich wollte übrigens sogar mal ein Beduine heiraten. Früher war eben doch alles besser. Oder gibt es etwa noch jemanden, der ganze zehn Kamele für mich bieten würde?

## *Putzend im Gymnastikraum*

Endlich konnte ich mich dazu aufraffen, eine Gymnastikstunde zu besuchen. Genauer gesagt nannte sich das Total-Body-Workout. Ich hatte ja gedacht, dass wir Dips und Flys, Pushups und Crunchs, Curls, Squats und Lunges machen würden. Aber wir mussten die ganze Zeit putzen. Dazu bekam jeder ein Blatt Papier. Wir mussten auf alle viere gehen und kniend den Zettel bewegen. Nach links und rechts, vor und zurück, rüber und nüber … Nach einer Stunde hatten wir den gesamten Staub in die Ecken des Raumes geschoben und durften wieder gehen.

Es ist immer wieder ganz erstaunlich, wie viele Menschen zwar nicht Sport machen, aber sehr ernsthaft Sport machen wollen. Erst kaufen sie Tanktopp und Schweißbänder und Sneakers und Sportbottle und Pulsuhr und iPod mit Sportkit – und melden sich zu einer Probestunde im Fitnessstudio an. Danach haben sie so scheußlichen Muskelkater, dass sie beim nächsten Mal nicht mehr auf die Trainigsfläche, sondern gleich in die Sauna gehen. Irgendwann gehen sie dann auch nicht mehr in die Sauna. Und nach einem halben Jahr können sie mit gutem Gewissen den Vertrag wieder kündigen.

Eine Freundin hat es mit Yoga probiert. »Ach Gott«, hat sie geschimpft, »das ist ja wahnsinnig anstrengend.« Also ist sie in eine Turnstunde gegangen. »Ach Gott«, sagte sie, »da muss man Gymnastikschläppchen tragen. Ich mach mich doch nicht zum Deppen.« Daraufhin war sie dann schwimmen. »Dieses kalte Wasser«, hat sie nun gejammert, »das tut ja richtig weh auf der Haut.«

Es gibt eben viele Beweggründe und noch mehr Nichtbeweggründe. So musste ich sogar mal eine Sportstunde verlassen. Offenbar war ich zu emsig. Zumindest schrie meine Nebenturnerin plötzlich mitten bei den Bauchübungen, ich sei eine »totale Zumutung für die gesamte Gruppe«. Warum? »Die atmet so laut.«

## *Berlin ist besser als Bempflingen*

Unlängst traf ich im Zug einen Bekannten. Er ist jetzt nach Berlin gezogen. Stuttgart, erklärte er mir, sei eben doch arg provinziell. Piefig. Spießig. Eng. Fad. »Berlin«, blökte er durchs Abteil, Berlin sei eine andere Liga. »Und vor allem«, rief er, »kulturell und so – kein Vergleich.«

Kurze Zeit später traf ich in der Oper eine Bekannte. Sie arbeitet in München. Ich war ganz entrückt von den schönen Stimmen. »Papperlapapp«, sagte sie, »das klingt doch wie Blech.« Das Niveau sei nicht zu vergleichen mit München. »In München«, plärrte sie durchs Foyer, »in München, da gibt es Stimmen!«

Respekt. Formidable. Magnifique.

Ich bin immer ganz erstaunt, welcher Glanz von diesen Leuten ausgeht. Wie sie gülden strahlen. Wie Heilige werden sie von einem Lichterkranz umleuchtet – bloß, weil sie in München-Hasenbergl eine Zweizimmerwohnung bezogen haben. Oder ihr Ikea-Bett jetzt in Berlin-Kreuzberg steht. Ich will dann immer sagen: Fast wäre ich ja auch nach Berlin gezogen. Außerdem habe ich in Stuttgart schon Maria Schrader auf dem Klo getroffen. Eine Freundin ist mal an Placido Domingo vorbeigelaufen. Und ich kenne hier sogar jemanden, der Michael Jackson persönlich gesehen hat.

Aber das ist kulturell und so natürlich kein Vergleich. Als kürzlich jemand sagte »O Gott, Stuttgart – du Arme!«, habe ich umgehend einen Freund in Tübingen angerufen. »Wie du es in der Provinz aushältst«, habe ich gesagt, »Tübingen ist doch kein Vergleich zu Stuttgart, kulturell und so.«

Der Freund hat daraufhin einem Bekannten in Neckartenzlingen erklärt, Neckartenzlingen sei Provinz. Der hat wiederum seine Cousine in Bempflingen angerufen. Die Bempflinger Cousine hat ihrem Schwager in Linsenhofen erklärt, wie es sich kulturell und so in der Welt verhält. Der Schwager hatte Glück und konnte noch jemanden in Upfingen erreichen. Bloß der Upfinger, der muss jetzt halt zum Therapeuten. Wegen Depressionen.

## Siegelnaht mit W-Zacken

Wie sicher jeder weiß, gibt es verschiedene Teilchenbeschleuniger. Es gibt das Dynamitron, das Betatron, das Zyklotron und das Mikrotron. Bei privaten Forschungen bin ich jüngst auf einen weiteren Teilchenbeschleuniger gestoßen: das Tubotron. Hierzu benötigt man eine Tube mit Zahnpasta oder Tomatenmark und einen Tubenausdrücker. Ich persönlich habe einen Tubenschlüssel verwendet. Das Experiment geht so: Man schiebt den Tubenfalz in den Tubenschlüsselschlitz. Man dreht die Schraubwinde. Und schon hat man mit Hilfe des Tubotrons die Zahnpasta teilchenbeschleunigt auf dem Spiegel kleben.

Ein weiteres Experiment lässt sich mit einer gewöhnlichen Milchpackung durchführen. Dazu muss man sie nur öffnen. Da der Unterdruck zu groß ist, schießt die Milch beim ersten Ausgießen beschleunigt aus dem Tetrapack – weit über den Tassenrand hinaus. Deshalb kann man auch von einem Tetrapacktron sprechen.

Jedes Mal, wenn ich teilchenbeschleunigte Milch aufwische, werde ich ganz melancholisch. Ich stelle mir dann vor, wie Forscher in ihren Labors schwitzen – und trotzdem noch niemand je eine vernünftige Milchpackung entwickelt hat.

Das kann einem schon leidtun. Es gibt übrigens ganze Forschungszweige zu Blisterverpackungen, Blisterhauben, Siegelrändern und Siegelbackenbreiten. Ein Erfinder hat sich patentieren lassen, dass bei Chips- oder Gummibärchentüten die Zacken der Siegelnaht W-förmig sein sollten: »Vorzugsweise sind die Zacken so angeordnet, dass beim Hochziehen der Lasche die Spitzen der Zacken der Siegelnaht einer Zugbelastung ausgesetzt werden.« Trotzdem habe ich noch nie erlebt, dass eine Tüte anders als mit den Zähnen aufginge. Oder sich eine Kekspackung mit der vorgesehenen Lasche aufreißen ließe. Man kann heute Regenwolken auflösen oder nach Übersee fliegen. Aber die Rosinentüte lässt sich nicht wieder verschließen. Weil der Klebestreifen einfach nicht hält.

Manche Probleme lassen sich eben nicht lösen. Klebstofftuben verkleben. Filzstifte vertrocknen. Scheuermilchflaschen verstopfen. Knöpfe reißen ab. Stecker fallen aus der Steckdose. Als ich letzte Woche versucht habe, bei meiner Maggi-Flasche den verstopften Spritznippel freizubekommen, ist der Deckel abgerissen. Damit er nicht wieder eintrocknet, habe ich das Loch deshalb mit einem Zahnstocher verschlossen. Der ist jetzt allerdings abgebrochen.

Ich sage ja immer: Gut, dass die Menschheit auf den Mond fliegen kann. Vielleicht wohnt da jemand, der eine Ketchupflasche erfindet, aus der das Ketchup rauskommt. Einfach so.

## *Teuer ist am billigsten*

Es wird ja jetzt überall gespart. Deshalb wollte ich vorsorglich schon mal den Gürtel enger schnallen. Das hat sich als kompliziert erwiesen. Zunächst musste ich mit der Nagelschere ein neues Loch in den Gürtel bohren. Danach saß er so straff, dass ich mich nicht mehr setzen konnte. Schließlich bin ich reumütig zum alten Loch zurückgekehrt und habe im Endeffekt den Gürtel nicht enger geschnallt, sondern einfach nur ruiniert.

Man weiß eben gar nicht, wie man der Krise sinnvoll begegnen soll. Eine Freundin will keine Lebensmittel mehr wegwerfen. Deshalb hat sie neulich harte Brötchen unter den Wasserhahn gehalten und auf den Toaster gelegt. Nach ein paar Minuten waren sie außen verkokelt, während im Inneren wässrige Matsche blieb. Die hat sie dann tapfer mit sehr viel Marmelade gegessen, damit der Stromverbrauch nicht ganz umsonst war.

Eine andere Freundin hat sich vorgenommen, nicht mehr in der Bibliothek teuer zu kopieren, sondern in den Copyshop zu gehen. Weil beim letzten Besuch die Bücher aber so schwer waren, musste sie mit dem Auto fahren. Im Copyshop gab es Probleme mit dem Toner, so dass die Parkuhr ablief und sie einen Strafzettel bekam. Was lernen wir daraus? Die teuersten Kopien sind immer noch die billigsten.

Ein Bekannter benutzt seine Teebeutel jetzt mehrmals. Irgendjemand hat auch behauptet, dass man aus Weinresten Essig machen könne. Briefkuverts und Pakete lassen sich zudem mehrfach verwenden. Dafür empfiehlt sich vorab allerdings die Anschaffung praktischer Kisten und Schachteln. Die kann man in ein paar neuen Regalen und Schränken bequem unterbringen. Am besten zieht man in eine Wohnung mit einem zusätzlichen Zimmer. Dann ist da Platz für alles.

Gemeinsam mit einer Freundin habe ich jetzt mal versucht durchzurechnen, ob es billiger kommt, im Supermarkt Plastiktüten zu kaufen und die dann als Mülltüten zu verwenden – oder ob man doch weiterhin Mülltüten in der Rolle anschafft. Leider kamen wir zu keinem Ergebnis, weil wir zuerst neue Batterien für den Taschenrechner besorgen müssen. Aber, meinte die Freundin, Vesperbeutel könne man in jedem Fall erst links und dann rechtsrum benutzen. Das habe ich gleich ausprobiert – und mir prompt Fettflecken auf die Jacke geholt. Die muss jetzt in die Reinigung. Aber vielleicht bekommt man da ja einen Kleiderbügel umsonst.

## *Sieh mir in den Blackberry*

Etwas in eigener Sache: Ich besitze eine verdammt gute Küchenmaschine. Planetenrührwerk, Direktantrieb, 4,83 Liter Füllmenge, Spritzschutz mit Einfüllschütte. Wurstfüllhorn. Schnitzelwerk und Edelstahltrommeln. Wow! Super! Es darf jetzt gerne geklatscht werden.

Aber das beeindruckt natürlich niemanden. Ganz anders dagegen ein paar junge Leute in der Gartenwirtschaft. Einer der Jungs hatte sein Notebook mitten auf den Tisch gelegt. Zwischen Spaghetti und Thunfischsalat. Die Mädels hingen verzückt an seinen Lippen. Er strich immer wieder lässig über die Kiste und murmelte wahrscheinlich »Hey, baby«. Humphrey Bogart hätte das nicht besser hinbekommen.

Leider ist meine Küchenmaschine zu schwer, um sie überall mit hinzunehmen.

Als ich das letzte Mal im Freibad war, saßen ein paar Mädels am Beckenrand. Sehr jung, sehr sexy. Deshalb machten einige Buben im Wasser die tollsten Kapriolen. Sie zogen sich am Einerbrett hoch. Sie machten Kopfsprünge und tunkten sich. Keine Reaktion. Als jedoch ein Kerl vorbeilief und klimpernd mit dem Autoschlüssel

Fingergymnastik machte, kicherten sie wie wild gewordene Hühnchen.

Frage: Warum haben Männer keine Handtasche? Damit sie ihre Schätze auf den Tisch legen können. iPod, Blackberry, SanDisk, UMTS-Handy mit TV-Empfänger, Palm, Infrarotfernbedienung für Zentralverriegelung und Wegfahrsperre, DigiCam. Und jetzt auch noch das Notebook.

Wow! Super! Jetzt klatschen wir alle eine Runde.

Was mir da noch einfällt: Man kann mit meiner Küchenmaschine sogar Spritzgebäck machen. Ich glaube sogar, dass sich Earphones anschließen lassen. Weiße natürlich. Man kann 10.000 Lieder aus über hundert Genres auswählen und per Bluetooth oder Infrarotschnittstelle downloaden. Direkt in den Spritzgebäckteig rein.

Vielleicht nehme ich die Küchenmaschine doch mal abends mit in die Kneipe. Statt Handtasche.

Auch wenn das hier jetzt nicht passt: Früher, als es diese ganzen Geräte noch nicht gab, konnte man nur mit seinem Auto angeben. Ein Freund hatte einen goldenen Mercedes, der aber völlig verrostet war. Also erklärte ich mich bereit, das Auto mit einem sehr kurzen Rock zum TÜV zu bringen. Das hat überhaupt nicht gewirkt. »Aber, aber«, habe ich schließlich gesagt und mit schweren Lidern geblinzelt, »der Motor ist doch einwandfrei.« »Klar«, meinte der Mann vom TÜV, »da können sie gern ihre Küchenmaschine dran anschließen.«

## *Viel essen macht schlank*

Zu den wahren Herausforderungen unserer Zeit gehört die Anschaffung einer Jeans. Soll es Bootcut, High Waist, Standard Fit, Straight Fit oder Super-Flare sein? Was ist mit Dusted Lead und Dark Serenity? Auto Low? Knocked Up oder Royal Rinse? Einer Freundin ist es tatsächlich gelungen: Nach schweißtreibenden Wochen in Umkleidekabinen hat sie schließlich ein passendes Modell gefunden.

Als sie zu Hause aber die Etiketten abschneiden wollte, stellte sie fest: made in Bangladesh. Sie raufte sich die Haare. Sie fluchte, jammerte und weinte sogar ein bisschen. Dann hat sie zähneknirschend ihre Fünf-Pocket-Trend-Jeans im klassischen Shoe Cut mit leicht ausgestelltem Bein und Ziernähten in den Laden zurückgebracht. Sie wolle nichts aus einem Billiglohnland anziehen, erklärte sie der Verkäuferin. »Dann erkälten sie sich mal nicht«, meinte die nur, »da haben Sie nämlich bald gar nichts mehr zum Anziehen.«

Aber, aber, habe ich der Freundin gesagt, das ist doch alles nur eine Frage der richtigen Begründung. Meine Nachbarin zum Beispiel trennt ihren Müll nicht. Sie wirft Plastik in die Papiertonne. Glas in den Restmüll. Papier kommt in den Gelben Sack. Als ich sie zur Rede stellte, sagte sie kurz und knapp: »Der gesamte Müll wird doch eh nach Afrika verklappt, wusstest du das denn nicht?«

Zwei mal drei macht vier …

Apropos Müll: Kürzlich kam ich am Glascontainer ins Gespräch mit einem älteren Herrn. Er warf seine Saure-Gurken- und Salatmayonnaise-low-fat-Gläser samt Deckel rein. Ob man das denn dürfe, fragte ich ihn. Präzise kann ich es zwar nicht mehr wiedergeben, aber er hat behauptet, die thermische Energie der Metalldeckel wirke sich positiv auf den Brennwert des Glases aus, wodurch sich die Standardverbrennungsenthalpie um soundso viel Kilojoule pro Normkubikmeter verbessere.

… Widdewiddewitt und drei macht neune …

Da lobe ich mir einen Bekannten, der mit seiner Fünfzehn-Liter-Schleuder jeden Meter fährt. Warum? Weil er keine Kinder hat. »Rechne mal zusammen, wie oft die zum Turnen und Flöten gefahren werden«, sagt er, »da könnte ich eigentlich das ganze Jahr über auch noch den Dachträger drauflassen.«

… Ich mach mir die Welt …

Einer dieser Fernsehköche hat ja eine neue Diät entwickelt: Man isst zum Frühstück sechs Brötchen mit dick Butter, Nutella oder Marmelade. Zum Mittagessen gibt es Pizza oder Nudelgratin und abends noch Omelett oder

Huhn. Davon nehme man garantiert ab, behauptet er. »Ich bin der lebende Beweis.«

… Widdewidde wie sie mir gefällt …

Ach ja, ich trenne übrigens auch keinen Müll mehr. Ich mache jetzt nämlich die neue Sechs-Brötchen-Diät. Das bisschen Müll, was dabei noch anfällt, werfe ich aus dem Fenster. Dann muss man's schon nicht nach Afrika verklappen.

## *Der Dreck ist von denen*

Wieder einmal kam die Nebenkostenabrechnung. »Das kann doch nicht wahr sein«, schimpft meine Nachbarin. Sie muss fürs Wasser nachzahlen. Dabei duscht sie nur alle drei Tage und nie länger als fünf Minuten. Beim Einseifen dreht sie das Wasser sogar ganz ab. Dafür laufe in der Wohnung über ihr das Wasser den lieben langen Tag. »Stuuun-dän-lang!«

Jetzt muss ausgerechnet sie »der ihre Duscherei« finanzieren. Weil die Welt eben ungerecht ist. Ich muss dagegen für den Reinigungsdienst im Treppenhaus löhnen. Dabei hab ich nie dreckige Schuhe. Ich kann mich auch nicht erinnern, je Schuppen, Schnipsel, Fusseln, Fasern, Flusen oder gar Krümel auf den Stufen hinterlassen zu haben. So viel ist gewiss: Der Dreck im Treppenhaus kommt von den anderen. Wahrscheinlich auch von meiner Nachbarin.

Der nächste Posten: Treppenhausbeleuchtung. Man versteht ja nicht, was die Leute nachts so viel durchs Treppenhaus laufen müssen. Das kostet natürlich Strom. Das strapaziert die Glühbirnen.

Und wer zahlt das alles? Ich.

»Und ich«, ruft meine Nachbarin.

»Und wir«, rufen die aus dem Erdgeschoss. Die wollen überhaupt nichts zahlen, weil sie die Beleuchtung in den oberen Stockwerken schließlich nicht bräuchten. »Die eine Birne im Parterre«, sagen sie, »kann so teuer ja nicht sein.«

Sollen doch mal die anderen. Jetzt können doch erst mal die.

Kürzlich hatte eine Frau im Zug eine falsche Fahrkarte und musste nachzahlen. Sie hat sofort angefangen zu schreien. Der Schaffner solle sich mal die Toilette anschauen. Unappetitlich sei das. Unzumutbar. »Jetzt kümmern Sie sich zuallererst ums Klo«, erklärte sie dem armen Mann. »Wenn das richtig sauber ist, dann können Sie wegen Ihrer verdammten Fahrkarte noch mal vorbeikommen.«

## *Mach nicht so ein Getörin!*

Kürzlich habe ich mich kolossal blamiert. Bei einem geselligen Small Talk rutschte mir ein entsetzlich peinliches Wort heraus. Es war nichts Unanständiges, auch nicht Neger oder so. Noch viel schlimmer. Ich sagte: Friseuse. Das darf nicht passieren. Feministische Grundsatzdiskussionen brachen los, Rügen und Rüffel gingen auf mich hernieder, und kleinlaut schlich ich mich davon.

Dabei weiß ich nicht einmal, warum man nicht Friseuse sagen darf. Zwischen Masseurin und Masseuse, hüstel, hüstel, gibt es feine Unterschiede. Grob gesprochen: Die Masseuse kümmert sich um jene Körperpartien, die die Masseurin ausspart. Offenbar gibt es auch die unseriöse Friseuse. Vielleicht onduliert sie die Haare, um die eine seriöse Frisörin herumschnippeln würde.

Ich habe jetzt erst mal Großputz in meinem Wortschatz gemacht. Diseuse und Balletteuse kamen mitsamt der Friseuse zum Sondermüll. Skandalös, seriös und bös wurden sicherheitshalber gleich mit ausrangiert. Getöse wurde durch Getörin ersetzt. Gekocht wird fortan in der Fritteurin. Bloß was aus der Öse wird, muss ich noch überlegen.

Apropos Putzen. Aufgeklärte Menschen würden ja nie »Ausländer« sagen. Aber »Putzfrau« geht allen selbstverständlich über die Lippen. Dabei ist das politisch absolut inkorrekt. Man darf Reinmachfrau sagen. Oder Raumpflegerin. Gebäudereinigungskraft. Perle. Zur Not auch Parkettkosmetikerin. Aber alle sagen Putzfrau, als wäre nichts dabei.

Ich hatte mal eine Putzperson, die aber immer nur bügeln wollte, und wenn sie nichts mehr zum Bügeln fand, hat sie auf dem Balkon umgetopft. Die nächste ließ sich für zwei Stunden bezahlen, ging aber schon nach einer – sie arbeite eben besonders schnell.

Der Sauberkeit halber muss hier erwähnt werden: Schwarzarbeit ist verboten, einerlei, ob sie von einer Raumpflegerin, Putzfrau, Masseurin oder Friseuse ausgeübt wird.

Ich bin inzwischen übrigens wieder meine eigene Putzfrau oder richtiger: Stundenfrau. Ich, Miss Proper. Das Ata-Girl. Die Putzliesel. Eine Freundin hält Putzen sogar für »höchsten Genuss«. Sie liebt Vorträge über effektive Multifettlöser, Aktivbleiche, Zweifachkonzentrat und Biozide und endet stets mit dem Satz: »Mechanik und Chemie müssen zusammenwirken.«

So ähnlich hat das die dritte Reinigungsperson, mit der ich es versucht habe, wohl auch gesehen. Sie hat grundsätzlich nur mit Chlorreiniger geputzt. Pur und ohne Handschuhe. »Da löst sich zwar die Haut von den Fingern«, sagte sie, »aber es wird schön sauber.«

## *Kalten Sprudel auf den Kopf*

Hier einige wichtige Hinweise für den Sommer. Damit es niemandem wie einer Freundin ergeht. Die hat kürzlich ihre Kittsubstanz verloren. Ich wusste bisher gar nicht, dass man auf seinem Kopf Kittsubstanz rumträgt. »Doch«, erklärte mir die Freundin, »im Haar ist die Alpha-Helix als Polypeptidkette schraubenförmig gewunden. Dazwischen befindet sich die Kittsubstanz.« Außer eben bei der Freundin von mir. Sie hat beim Schlafen den Kopf zu stark bewegt. Dabei haben die Haare über das Kissen gerieben, sich verknotet – und die Kittsubstanz hat sich gelöst und ist rausgebröselt. Ins Bett. Unters Kissen oder so.

Die Freundin hat ja schon vor einiger Zeit geklagt. »Mein Haar ist gestresst«, sagte sie, »müde, kraftlos, abgespannt.« Ich habe das natürlich nicht ernst genommen – und spaßeshalber Urlaub empfohlen. »Wie wäre es mit Haarlandverschickung?«, sagte ich, »Frisurkur. Schuppenspa. Wuschelkuscheltage?« Sie fand das nicht komisch, denn sie darf in diesem Sommer keinen Urlaub machen. Der Friseur hat dringend davon abgeraten.

Denn Sonne, sagt er, macht das Haar porös. Meerwasser greift die Schutzschicht an. Chlorwasser verursacht schleichende Oxidation. Blonde Personen laufen sogar Gefahr, im Meer grüne Haare zu bekommen. So wie die Wawuschels. Außerdem ziehen sich vor Sommergewittern die Haare an den Ohren vorbei nach oben. Das ist zwar nicht schädlich, sieht aber ebenfalls nicht vorteilhaft aus.

Deshalb rate ich: Verbringen Sie die Ferien zu Hause. In abgedunkelten Räumen. Und schlafen Sie ab sofort im Sitzen.

Ich habe dieser Tage gehört, dass Menschen gern Tipps bekommen. Sie kaufen sich stapelweise Zeitschriften, um zu erfahren, wie sie Benzin sparen. Wo der Urlaub am billigsten ist. Oder wie sie abnehmen können. Erfreulicherweise kann ich das alles auf Anhieb beantworten: Wie sparen Sie Benzin? Lassen Sie das Auto stehen. Wo ist der Urlaub am billigsten? Bei der Verwandtschaft. Und wie können Sie abnehmen? Indem Sie weniger essen.

Auch zum Thema Haare kann ich neueste Erkenntnisse weitergeben:

1. Waschen Sie Ihre Haare nie mit warmem Wasser. Sondern mit kühlem Sprudel. Direkt aus dem Keller.
2. Führen Sie stets ein Leave-in-Spray in der Tasche. Benutzen Sie Wärmeschutz-Serum, Karitébutter, Zement-Ceramid, Relax-Elixier und Glanz-Finish.
3. Kämmen Sie Ihre Haare immer von den Spitzen aufwärts. (Mein persönlicher Rat dazu: Lassen Sie sich dabei aber besser nicht erwischen.)

## *Es grünt so grün mit Sidonet*

Neulich hat ein Freund so vor sich hingepfiffen. Männer pfeifen ja insgesamt recht gern. Besagter Freund pfiff eine olle Kamelle, bei der ich sofort mitsingen musste: »Es grünt so grün, wenn Spaniens Blumen blühen. Mit Sidonet.« »Mit was?«, fragte er da. »Was soll denn Sidonet sein?«

Ich habe ihm dann erklärt, dass es früher eine Werbung gab. Für Sidonet. »Das Alles-mmmm-Tuch.« Oder so ähnlich. An mehr kann ich mich nicht erinnern. Ein Putzmittel eben. »Meinst du nicht«, sagte er da, »dass du hier etwas verwechselst?«

Könnte gut sein. Manchmal geraten einem die Dinge durcheinander. Wie bei einem Kollegen, als er einen Film mit Carl Fröbe wieder gesehen hat. Er kam schon ins Schwelgen, bis ihn endlich jemand korrigierte: »Aber der hieß doch Kurt Fröbe!« Eine Freundin hat mal in Wien im Kaffeehaus einen »Zwölfspänner mit viel Schlagobers« bestellt. Der Kellner sagte nur: »Jo, jo, die Deidschen, immer ein paar Nummern zu groß.«

Weil mir das mit dem Sidonet keine Ruhe ließ, habe ich mehrere Personen meines Vertrauens befragt. Obwohl ich das »mit Sidonet« mit großer Ernsthaftigkeit sang, hat es ringsum Heiterkeit ausgelöst. Leider kennt niemand außer mir Sidonet. »Bestimmt meinst du Sidolin«, sagte eine Freundin, »das ist doch dieses Glanzputzmittel für Besteck, so eine weiße Milch, die rosa wird.«

Sidolin, hat sie noch erklärt, sei vermutlich aus dem Lateinischen abgeleitet. »Die meisten Produktnamen haben nämlich lateinische Wurzeln: Mars, Ajax, Vim.« Um nicht ganz dumm dazustehen, hab ich auch ein bisschen angegeben: »Ja, stimmt: Dea, Deus, Deo.«

Wir sind zwar beide nicht über das Kleine Latinum hinausgekommen, konnten uns aber sofort einigen, dass Ausnahmen die Regel bestätigen. Zum Beispiel ist Ajona nicht lateinisch, sondern pfälzisch (Ei jo, was sunscht). Frolic und Snickers müssen wir noch nachschlagen. Aber Ariel ist ziemlich sicher ein Luftgeist und Rexona heißt »kleines Hündchen«, 4711 ist die alte Postleitzahl von Königsberg. Vielleicht auch von Köln. Und Vivil? »Das weiß ich nicht«, sagte die Freundin da, »das mag ich nicht.«

Dann haben wir uns noch ein Bier bestellt. Becks. »Das müsste sich doch eigentlich Bex schreiben. Bex wie Lex.«

Ein Chefredakteur aus meinem Bekanntenkreis hat immer vom »soliden Halbwissen der Journalisten« gesprochen. Ich nehme das jetzt mal als Kompliment. Und möchte zum Abschluss aus der besseren Hälfte meines halbierten Wissens schöpfen. Was immer Sidonet sein mag, eines ist gewiss: Sidolin ist ein Fensterputzmittel. Wahrscheinlich aus Köln. Oder Königsberg. Aber bestimmt mit der Postleitzahl 4711.

## *Wanzen, tanzen oder schwanzen?*

Eine Freundin sah dieser Tage sonderbar aus. Irgendwie murksig und verfutzt. »Ja«, sagt sie, »das liegt wahrscheinlich am Pulli.« Der ist zwar neu, böbbelt aber stark und war nach einmal waschen bereits ausgelommelt. Man kann nicht sagen, dass er verquanzt wäre, aber er wirkt eben doch schon leicht abgerallert. »Aber«, sagt die Freundin, »wenn man beim nächsten Bügeln etwas rumzombelt und ihn entsprechend hindutschelt, sieht er vielleicht wieder besser aus.«

Es kann schnell gehen, dass man einen siffigen Eindruck macht. Wenn die Haare angeschmotzt sind, überträgt man das leicht auf die gesamte Person und denkt: »Uuuh, der ottert sicher auch.« Bei einem Kollegen molchen die Klamotten oft so arg, dass einem neben ihm ganz kotterig wird. Wenn er dann auch noch etwas auf die Hose draufgeschlunzt hat, liegt es mir immer auf der Zunge zu sagen: »Hey, Kollege, jetzt entotter dich erst mal, bevor du wieder ins Büro kommst und alles zumüffst.«

Leider darf man das so nicht sagen. Weil irgendwo immer ein Sprachpurist mopsig wird und fragen würde:

»Molchen? Schlunzen? Schmotzen? Was, gnädige Frau, meinen Sie genau damit?«

Das habe ich eine Freundin kürzlich auch gefragt, als wir bei Knabbergedöns mit Majoplempe zusammensaßen. Ob sie mit »rumschwanzen« eigentlich eher tanzen oder ranwanzen meint, wollte ich wissen. Weder noch: Das habe nichts mit schwofen oder ranschlurchen zu tun, sagte sie, »sondern meint: einfach nur so rumdreggeln.«

Ich sage ja immer: Da schreien alle, der Mensch solle Fantasie entwickeln. Kreativ sein. Originell. Aber wehe, wenn man an der Sprache rumfriemelt, die Worte passend zur Situation hindockelt. Und statt versuseln aus Witz verbaseln sagt. Dann will das garantiert irgend so ein oberpupsiger Nölheimer sofort gesetzlich verbieten lassen.

Sniffen ist dagegen ganz offiziell zugelassen. Oder daddeln. Weil es, wie sicher alle wissen, von tatteln, dätteln und däddelich abstammt.

Wobei ich im Moment mit anderen Daddeleien zu schaffen habe. Dummerweise habe ich mich vorhin mit einer angedatschten Mandarine vollgesutschelt. Und weil beim Sabber der Schussel nicht weit ist, hab ich mir auf dem Weg zum Waschbecken nicht nur übel den Quanten angeranzt, sondern mit der babbichen Mandarinenquatsche gleich noch die gute Hose voll verfutzt.

## *Gruß vom Ornithologen*

Bei einem Treffen in netter Runde erzählte eine Freundin von einer Teamsitzung im Büro. Dabei habe man etwas getan, was sie so aussprach: Tude Räsong. »Tude Räsong«, fragten wir. »Wer oder was ist denn Tude Räsong?« »Das ist Französisch«, sagte sie. Tude heiße »alle« und Räsong »Vernunft« oder »Grund«. »In der Summe ergibt das: alle Argumente auf den Tisch.«

Wir waren beeindruckt und machten »ah« und »oh«. Als aber jemand fragte, ob sie vielleicht eine »Tour d'horizon« meine, bestand sie energisch darauf: »Tude Räsong, alle Gründe, das ist doch logisch.«

Mich beeindruckt so eine selbstbewusste Haltung. Ich gerate immer ins Schwitzen, weil ich Stadium sagen will, aber Stadion herauskommt. Oder Rezension statt Rezession. Andere Menschen dagegen erzählen hemmungslos von Wurzelspitzenrezession und neuem Inlay. Wenn man dann fragt, ob sie Implantat meinen, heißt's nur »Inlay, Implantat, ist doch wurscht, tut auf jeden Fall höllisch weh.«

So bastelt sich jeder sein Vokabular zusammen. Eine Freundin spricht zum Bleistift immer vom »Ressischeur«.

Spreiseln entfernt sie grundsätzlich mit der »Pingzette«. Ping und Pling quasi. Quasi und Hasi. Sie sagt »schenial« und geht Probleme ganz rationell an. Wenn ihr einer frech kommt, bietet sie ihm Ravioli. Und da, wo was los ist, ist sie gern mit von der Party. Helau.

Ein Bekannter sagte kürzlich, er müsse dringend zum Ornithologen. Er habe es am Knie. »Ornithologe?«, sagte da eine Freundin. »Du meinst ja wohl Ontologe, oder?« Beim Reden ist es wie beim Essen: Auf die richtigen Integrenzien kommt es an.

Ebent, würde der Berliner jetzt sagen.

Angeblich besitzt die deutsche Sprache 40.000 oder gar 50.000 Lexeme, die ständigen Neuschöpfungen und Anglizismen nicht mal eingerechnet. Verständlich, dass man da durcheinanderkommt, ob es Tartar oder Tartaren heißt, Capriccio oder Carpaccio, apart oder apathisch.

Wenn man sich vorstellt, dass man diese 50.000 Wörter auch noch falsch schreiben kann, sollte man den Schreibtisch kurzerhand zum Fenster rauswerfen und sich zum Trost ein leckeres Schegädiena Gulasch mit viel Wortschester Soße kochen. Dann kommt man wenigstens nicht mehr mit der Orthopädie ins Gehege.

Eine Freundin hat mir mal erzählt, dass sie jahrelang »morgends« geschrieben habe, weil es ja schließlich auch »abends« heißt. Das hat mir eingeleuchtet. Und wenn wir schon dabei sind, Ds zu verteilen, so plädiere ich hiermit für Abendteuer. Schließlich wird es nach jedem Abendteuer auch mal Abend, und teuer ist die Schose in der Regel auch. Ebent, würde der Berliner jetzt wieder sagen.

Bleibt nur noch, einen ehemaligen Arbeitskollegen zu zitieren, der uns in einem Schreiben mit dem Wort Regame konfrontierte. Natürlich wusste niemand, was das sein könnte. »Das ist Französisch«, sagte er mit erhobenem Näschen, »ein Sofa mit halber Lehne.« Er meinte Recamière.

## *Ein frischer, moderner Tarif*

Mein Handy ist kaputt. Es war aber auch schon sehr alt. Verglichen mit einem Katzenleben wären das dreißig Jahre gewesen, mit dem Menschen gut 125 Jahre, also noch Heesters plus. Kurz vor seinem dritten Geburtstag machte es hochbetagt den letzten Pieps.

Die Dame von der Hotline sagt, ich mache zu wenig Umsatz. Deshalb solle ich mir jetzt gefälligst selbst ein neues Gerät kaufen. »Außer Sie entscheiden sich für einen frischen, modernen Vertrag.«

Ich habe dann erst mal ein Sabbatical eingereicht, die Wohnung untervermietet und bin mit meinem Schlafsack im Telefonladen eingezogen. Damit ich in Ruhe durchrechnen kann, ob eher Mini Pur, Mini Pur Plus, Mini M oder Mini Home Music Edition infrage kommt. Oder Direct Easy, Vario Pro, Vario oder Vario L. Bei den Relax-Tarifen, die es von 50 bis 1.000 XL gibt, stand ich kurz vor dem Nervenzusammenbruch. »Warum nimmst du nicht einfach eine Paycard?«, fragte da eine Freundin. »Die ist doch viel billiger.«

Preisfrage: Was heißt »mit der Flatrate telefonieren Sie kostenlos in alle Netze«? Dass man drei Flatrates

»zubuchen« muss und am Ende bankrott ist. Was bedeutet »keine Grundgebühr«? Dass jeden Monat Strafe fällig wird, wenn man nicht genug telefoniert. Und was meint »unverbrauchtes Guthaben ist natürlich unbegrenzt gültig«? Das weiß ich leider auch nicht, nur so viel: »Hinweistext siehe Rücktitel.«

Ich habe mich dann für ein Handy entschieden, das zugleich Fotoapparat, Videokamera und MP3-Player ist, und mit dem ich surfen, jagen und golfen kann. Fünfzig Freiminuten pro Monat. Wann aber fängt der Monat an? »Das kann man so genau nicht sagen«, sagte der Kundenberater.

Sollte es mir je gelingen, das Handy ans Ohr zu halten und gleichzeitig in die Kamera zu lächeln, könnte ich sogar Videotelefonie betreiben. Kostenlos. »Kolo« hat der Kundenberater auf den Zettel gekritzelt. Der Anbieter behalte sich aber vor, Gebühren einzuführen. Bloß wann? Nächste Woche? Nächstes Jahr? »Fragen Sie einfach öfters bei der Hotline nach«, sagte er. Kolo? Das nicht, aber die Kosten lassen sich leicht errechnen: 0,69/Min (+0,99 Zuschlag/Anruf) im T-Mobile-Netz; 0,79/Min (+0,99 Zuschlag/Anruf) im Vodafone D2-Netz, 0,59/Min (+0,79 Zuschlag/Anruf) im E-Plus-Netz. Alles klar, oder?

## *Nach hundert Metern links*

Kürzlich bin ich Zug gefahren. Irgendwo saß ein Mädchen. Ich konnte es nicht sehen, dafür aber hören. Es sagte: »Männchen! Nein! Mach Sitz. SITZ! PFOOOTE! Nein! Kusch!« Wir fuhren in Köln ein – und das Mädchen rief »Cara, mach Sitz!«. Wir fuhren in Frankfurt ein – und es hallte durch den Waggon »Check, kusch! Nimm die Susi! NEIN!«. Nach Mannheim schlenderte ich dann unauffällig durch den Gang. Das Mädchen hämmerte wie besessen mit einem Stift auf ein Display, als müsse es bis Stuttgart durchlöchert sein. »Nein! Pfote! Kusch! Fass!«

Ich habe mich jetzt mal kundig gemacht. Mit dem Kind ist alles in Ordnung. Es ist nur Besitzerin eines Nintendogs. Das ist ein Fungame mit Wau-wau-Modus, bei dem man Labradornachwuchs oder Welsh-Corgi-Pembroke-Welpen aufziehen kann. Die Hundebabys werden per Stylus auf dem Touchscreen gestreichelt, Kommandos gibt man über die Spracherkennung (Stichwort: »Nimm die Susi!«). Man kann an Gehorsamkeitswettbewerben teilnehmen und Prämien gewinnen, zum Beispiel Hundeshampoo. Steht im Internet. Für Angehörige sollte man dort vielleicht ergänzen: Keine Sorge, ihr Kind ist nicht bekloppt. Es wirkt nur so.

Natürlich können sich Hersteller elektronischer Geräte nicht noch darum kümmern, welchen Eindruck der User bei der Anwendung macht. Wenn man mit der Wii-Konsole spielen will und dazu vor dem Fernseher in die Luft boxt, kann man nicht erwarten, dass das noch gut ausschaut. Andersherum gesagt: Nur weil einer Selbstgespräche führt, hat er noch lang keinen Schuss oder einen sitzen – sondern telefoniert nur mit dem Headset. Er ist nicht bekloppt. Er wirkt nur so.

Die Technik verändert eben das Leben. Vögel singen Handyklingeltöne. Dafür streiten Paare im Auto so gut wie gar nicht mehr. Dank GPS. Da schreit man gerade »Du machst doch eh nie …«, und schon beendet die Dame vom Navi die Debatte: »Nach hundert Metern bitte links.«

Ein Freund von mir hat eine neue Armbanduhr, die piepst, sobald das Barometer steigt oder fällt. Was es ja ständig tut. Seither haben wir richtig intensive Gespräche. »Oh, das Wetter wird gut«, sagt er dann. »Mmm, das Wetter scheint wirklich gut zu werden.« – »Doch, morgen wird es warm.« Das wird Cara, Check und Susi freuen. Im Wau-Wau-Modus raus an die Luft. »Nein! Nicht Sitz! Gassi! Jetzt! Husch!«

## *Funksteckdosen sind genial*

Schade, jetzt habe ich prompt den Welttoilettentag verpasst. Nicht, dass ich größer hätte feiern wollen. Aber es wäre eine Gelegenheit gewesen, ins Gespräch zu kommen. Ich hätte zum Beispiel gern gewusst, ob sich Männer auf öffentlichen Toiletten auch so dusslig anstellen. Auf Damentoiletten trifft man ständig Frauen, die das Wasser nicht zum Laufen bringen. Sie ziehen, wo sie drehen müssen. Drücken, wo sie wedeln sollten. Sie suchen die Lichtschranke – und übersehen den Fußschalter. Meine Kollegen behaupten, dass Männer da keine Probleme hätten. Weil sie eh selten die Hände waschen würden.

Ich wollte vor einiger Zeit neue Armaturen fürs Bad kaufen. Im Fachgeschäft entdeckte ich ein schickes Modell. Kostenpunkt: 400 Euro. »Bist du Krösus«, schimpften meine Freundinnen, »willst du dich wegen ein bisschen Design ausnehmen lassen wie ein gerupftes Huhn?« Im Baumarkt entdeckte ich ein ähnliches Modell. Kostenpunkt: neunzig Euro. »Du wirst doch kein China-Imitat kaufen«, schimpften meine Freundinnen. »Kein Wunder geht unsere Wirtschaft den Bach runter.«

Ich habe schließlich eine salomonische Lösung gefunden: für das Waschbecken die teure, für die Badewanne die billige Armatur. Das rächt sich täglich: Es gibt Billionen oder Trilliarden Wasserhähne, die alle nach links geöffnet werden. Und es gibt einen einsamen Warmwasserhahn, den man nach rechts aufdreht. Der hängt jetzt an meiner Badewanne.

Das bestätigt mal wieder, dass einen billige Produkte oft teuer zu stehen kommen. Zum Beispiel habe ich kürzlich einen günstigen Schirm gekauft. Der ist wirklich hübsch. Nur aufspannen kann man ihn nicht. Der Nippel zum Arretieren fehlt.

Angeblich setzt beim Einkaufen manchmal die Selbstkontrolle des Menschen aus. Dann werden wir zu Jägern, die Shoppingtrophäen wie Bärenfelle nach Hause schleppen. So konnte ich einfach nicht widerstehen, als es im Baumarkt günstige Funksteckdosen gab. Das ist eine tolle Sache: Man kann den gesamten Fernsehkram auf eine Steckdose legen – und mit der Fernbedienung alles auf einmal ausschalten. Genial. Nur blöd, dass sich der Fernseher jetzt häufig von allein einschaltet. Aber immer nur mitten in der Nacht.

*Die drüben schaffen nichts*

Beim letzten Einkauf gab es Ärger. Ich habe gerade noch mitbekommen, wie ein Kunde aus dem Laden fegte und rief: »Wir sind hier doch nicht in der DDR!« In diesem Moment wurde mir bewusst: Eigentlich schade, dass es die DDR nicht mehr gibt. Heute muss man so aufpassen, was man sagt. Man muss politisch korrekt sein. Früher konnte man hemmungslos Vorurteile über die Brüder und Schwestern verbreiten. Über die Zone. Die Ossis. Die durften ja nicht raus. Deshalb fragte man ungeniert: Was heißt in der DDR Post? Personen ohne sinnvolle Tätigkeit. Oder: Warum muss in DDR-Metzgereien mindestens eine Wurst liegen? Weil sich sonst die Leute anstellen und die Kacheln kaufen.

Ich habe zum Beispiel auch noch gelernt, warum es in der DDR keine Banküberfälle gab. Weil man auf den Fluchtwagen zwölf Jahre warten musste.

Man nennt es übrigens Distinktion, andere Gruppierungen schlechtzumachen. Das ist völlig normal. Dieser Tage trödelte jemand auf der Straße. Ich wollte schon meckern: »Na klar, Aalen!« Aber es war ein Stuttgarter Kennzeichen. Also krakeelte ich: »Jeder Popel fährt 'nen

Opel.« Aber es war die gleiche Marke wie mein Auto. »Typisch«, dachte ich, »Mann am Steuer.« Es war aber eine Frau. »Blondine«, wollte ich schon rufen. Aber sie war brünett. »Dämliches junges Hühnchen«, lag mir auf der Zunge. Aber sie war mindestens so alt wie ich. Dann eben: »Tussi.«

Wahrscheinlich war sie aus der Schweiz. Ein Bekannter aus Oldenburg-Ohmstede hat mir erklärt, die Schweizer seien noch langsamer als die Schwaben. So etwas Blödes kann auch nur ein Norddeutscher sagen. Hutträger. Bartträger. Bürohengst. Sesselfurzer. Skorpion.

Manchmal frage ich mich, was wäre, wenn bei allen Menschen alles gleich wäre: Alter, Auto, Stern- und Kennzeichen. Wenn alle die Eigenschaften hätten wie – nur mal als Beispiel: ich. Dann könnte ich als Kolumnistin einpacken. Und nicht mal rübermachen, weil es Drüben ja nicht mehr gibt.

Kurz nach der Wende habe ich übrigens etwas sehr Wichtiges gelernt: »Wir finanzieren die da drüben doch alle mit. Ohne uns hätten die rein gar nichts. Da schafft nämlich keiner etwas.« Haben Ossis gesagt. Über die Polen.

## *Tendenziell ist es meistens so*

Also ich möchte mich jetzt im Prinzip gar nicht weiter einmischen. Ich sag mal, ich bin ja insgesamt ohnehin eher so der Typ, der sich normalerweise relativ stark im Hintergrund hält. Sagen wir es mal so: Wenn gerade etwas wirklich total Wichtiges ansteht, dann bin ich, würde ich jetzt doch in aller Bescheidenheit behaupten wollen, grundsätzlich eher jemand, der rein theoretisch irgendwann auch etwas beiträgt und schlussendlich konkret Stellung bezieht. Aber wenn ich ausnahmsweise mal von mir ausgehen darf, würde ich im Allgemeinen trotzdem wagen zu behaupten, dass ich mich meiner persönlichen Einschätzung nach mit an Sicherheit grenzender Wahrscheinlichkeit tendenziell eher zurückhalte.

Aber das muss ich jetzt trotzdem loswerden: Manche Leute reden schon ziemlich komisch.

Ein Freund von mir sagt zum Beispiel immer alles doppelt immer alles doppelt. Er sagt: »Sollen wir uns mal wieder treffen mal wieder treffen? Am Wochenende wollen wir aber wegfahren wollen wir aber wegfahren.« Andere Leute wiederholen dagegen die Worte ihrer Vorredner. Ihrer Vorredner. Die sprechen einfach immer alles nach. Alles nach. Jedes Mal. Jedes Mal.

Ich hab auch mal jemanden kennengelernt, der nach fast jedem Wort »ne« sagte oder »aha aha«. Das klang dann so: »Also ich ne wollte aha aha Ihnen ne also mal was schicken ne ne. Aha aha. Falls aha aha Ihnen ne ne das aha aha recht ist ne ne.« Also da finde ich im Prinzip, sag ich jetzt mal so, eigentlich doch eher mal jemanden angenehmer, der schlussendlich einfach mitunter rundheraus sagt, was er grundsätzlich immer schon mal gesagt haben wollte.

Wobei man es beim Sprechen natürlich halten kann wie der Pfarrer von Assmannshausen. Wie der Dachdecker. Wie Seller aufm Dach. Hauptsache, man versteht ihn. Wobei ich festgestellt habe, dass sich das Verständnis nicht zwangsläufig erhöht, nur weil man Worte in den Plural setzt. Das macht nämlich eine Bekannte. Sie spricht von Politiken. Von Logiken. Alltagspraxen. Antiessentialistischen Erkenntnissen. Wissenshierarchien. Diskursgemeinschaften. Letztere sind so etwas Ähnliches wie Fahrgemeinschaften. Zumindest im Prinzip. Sag ich jetzt mal so.

Da lob ich mir eine Freundin, die beim Sprechen mitten aus dem schwäbischen Leben schöpft. Hier kann man sich »Händ und Füß dran wärmen«. Dort will sie jemandem »die Ohren lang ziehen und die Füße dran binden«. Bei der Arbeit schimpft sie, dass sie immer

»alle Mugge batsche« soll. Vor ein paar Tagen hat sie von jemandem erzählt, der so arm ist, »dass die Mäuse mit verheulten Augen die Dachstieg runterkommen«. Wo sie diesen Spruch schon wieder herhabe, wollte ich wissen. »Von mir selbst«, sagt sie kokett, »oder dachtest du, ich wär auf der Brennsupp dahergeschwommen?«

## *Juchhu, Herr Nachbar duscht*

»Stell dir vor«, rief eine Freundin vor einiger Zeit aufgeregt ins Telefon. »Da duscht ein Mann.« Sie kicherte ein bisschen dümmlich. »Ja, wie?«, fragte ich. »Hast du jemanden aufgerissen?« Nein. Sie wollte nur lüften. Und stellte dabei fest, dass sie im Nachbarhaus in ein Badezimmer schauen kann. In die Dusche. »Und da duscht gerade ein Mann«, sagte sie, »nackt. Und ordentlich gebaut.«

Ich möchte das nicht weiter vertiefen. Ich möchte in diesem Zusammenhang nur daran erinnern, dass der Sänger Drafi Deutscher Ende der sechziger Jahre ziemlich Ärger bekam, weil er splitterfasernackt auf den Balkon ging. Ein paar Kinder hüpften vor Schreck beim Gummitwist daneben – und Drafi Deutschers Karriere war erst einmal beendet. Sein Song »Nimm mich so, wie ich bin« kam, soweit ich weiß, danach nicht mehr so gut an.

Mir stellt sich dabei die dringliche Frage: Darf man zu Hause nackt herumlaufen? Und falls ja: wie lang?

Ein heikles Thema. Deshalb habe ich einige Experten aus meinem Bekanntenkreis zu Rate gezogen: »Bis die Bodylotion eingezogen ist«, sagte jemand. »Bis es einem kalt wird«, ein anderer. »Na, klar darf man das«, meinte ein Freund. »Jeder hat ein Recht darauf, sich zu blamieren.«

Eine alte Dame soll sich tatsächlich bei der Polizei beschwert haben, dass die jungen Leute in der Wohnung gegenüber immer nackt herumliefen. Ob man die nicht verhaften könne? Die Herren von der Polizei haben ihr anscheinend erklärt, sie solle doch aus einem anderen Fenster schauen.

Im Fernsehen hat kürzlich eine Frau gesagt, dass sie das nicht störe, wenn ihr Nachbar nackt sei. Solange er sich nicht bewege. Das gebe ich jetzt mal unkommentiert weiter und schließe mich Bömmi an, der in einem der zahllosen Internetforen und Blogs zu diesem Thema eine salomonische Lösung parat hat. Er laufe daheim gern nackt rum, das könne man schließlich niemandem in seiner Wohnung verbieten. Weil ihm das im Winter allerdings zu kalt sei, trage er einen Jogginganzug. Untendrunter aber, da sei er, natürlich – splitternackt.

## *Avanti dilettanti*

Auch in Zeitungen und Büchern kommt es gelegentlich zu Fehlern. Mal werden Verben falsch gebäugt, mal Wörter sonderbahr geschrieben. Hier schleischen sich Setz-, dort Tibbfehler ein. Wobei ich besonders mit Zahlen auf Kriegsfuß stehe. Man kann aber doch nicht alles können. Zum Beispiel ist mein Auto vor einem Monat einfach stehen geblieben. Einige Männer, die vorbeikamen, glotzten auf den Motor und sagten: »Sieht nach Benzinpumpe aus.«

Die zertifizierte Fachwerkstatt hat das Auto dann gründlich inspiziert und nach einer Woche festgestellt: Eine Zündkerze ist kaputt. Nach der zweiten Woche wurden die übrigen drei Zündkerzen erneuert. Nach der dritten Woche hat der Kfz-Meister schließlich erklärt, dass die Benzinpumpe wahrscheinlich hinüber sei. Avanti dilettanti!

Meinen Flur habe ich mir ebenfalls von einem Meister streichen lassen, der tagelang gespachtelt, grundiert, gepinselt und gepfiffen hat. Zwei Wochen später ist die Chose wieder runtergeblättert. Eine Freundin hatte wiederum einen geprüften und zertifizierten Sanitärfachbetrieb in der Küche. Während sie kurz einkaufen war, bohrte der Chef mit dem Presslufthammer die Wasserleitung an. Höchstpersönlich. Und absolut fachgerecht.

Hauptsache, die Kacheln fallen nicht wieder von der Wand. Das Parkett explodiert nicht. Die Warmschrumpfmuffe reißt nicht. Alles schon passiert. So wie mir jüngst die neue Ledersohle vom Schuh gefallen ist. Im Wald, bei Regen. Einfach so.

Nobody is perfect. In dem Roman, den ich zuletzt gelesen habe, fehlten die Seiten 52 bis 59. Einfach so. Kann doch mal passieren. Dafür geht mein Internet jetzt wieder, nachdem der vierte IT-Experte im Haus war.

Da sind so ein paar Rächenfehler doch eigentlich verzeihlich.

Wobei ich immer noch darauf warte, an meinen Fehlern zu wachsen. An den Hosenbeinen sieht man noch nichts, aber zumindest bin ich schon aus einem Pulli rausgewachsen. Markenware. Ich hatte ihn den ersten Tag an. Bis zum Abend. Dann war ein Ärmel ab. Einfach so. Kann doch mal passieren.

## *Kekse machen patriotisch*

Für meine düstere Laune neulich habe ich das Wetter verantwortlich gemacht. Meine Mitmenschen. Den Biorhythmus. Dann habe ich in einer Zeitschrift den wahren Grund der Verstimmung erfahren: Ich trage zu wenig Gelb. Genau genommen trage ich überhaupt nie Gelb. Kein Wunder also. »Schlechte Laune verschwindet ganz schnell«, stand in der Zeitschrift, »wenn Sie Ihrer Garderobe farbige Zusätze verabreichen.« Empfohlen wurden knallrote Lackstiefel. Und eine gelbe Mütze.

Dabei bin ich eigentlich ein Frühlingstyp. Eine Farbtyp-Analyse hat ergeben, dass ich nur Orange und Grün anziehen soll, sonst gerate ich aus dem Gleichgewicht. Jetzt muss ich zu den orangefarbenen Pullovern eben rote Lackstiefel tragen. Und eine gelbe Mütze.

Weil die gelbe Mütze aber kratzt, habe ich immer noch schlechte Laune. »Musik«, sagt eine Freundin, »du musst Musik hören.« »Merengue ist Gutelaunemusik«, meint jemand. Oder Barockmusik. Die strukturiert die Seele. Experten empfehlen die Brandenburgischen Konzerte, speziell den zweiten Satz des fünften Konzerts.

»Nein«, sagt da jemand, »du solltest selbst musizieren. Sanfte Schläge auf Röhrenglocken, Klangstäbe und Gongs lösen Denkblockaden, sie schaffen Urvertrauen und sorgen nebenbei für tiefe Entspannung.«

Also habe ich die Brandenburgischen Konzerte aufgelegt, auf Töpfe geschlagen und dabei versucht, Merengue zu tanzen. Seither habe ich nicht nur schlechte Laune, sondern auch einen Hüftschaden.

»Iss Kekse«, sagen meine Freundinnen. »Wissenschaftler haben herausgefunden, dass Kekse sogar Todesgedanken vertreiben und patriotisch machen.«

Also habe ich Kekse gegessen: Terrassen mit Marmelade, Zimtsterne und Vanillestangen. Danach hatte ich schlechte Laune, weil die Hose spannte. »Macht nichts«, sagen meine Freundinnen. »Du musst einfach etwas Vorteilhaftes anziehen. Streifen zum Beispiel. Querstreifen. Ein britischer Psychologe hat nämlich herausgefunden, dass nicht, wie bisher behauptet, Quer-, sondern Längsstreifen eine Person optisch dicker erscheinen lassen.«

Also habe ich einen orange-grün gestreiften Pullover angezogen sowie die roten Lackstiefel und die gelbe Mütze. Ich habe mit Vanillestangen auf Kochtöpfe geschlagen und zu Bachs Brandenburgischen Konzerten Merengue getanzt. Ich war ganz knapp vor dem Glücklichsein. Da hat es geklingelt. Die Nachbarn haben sich über den Krach beschwert.

Jetzt warte ich einfach. Wissenschaftler haben herausgefunden, dass Glück ansteckt: Ein glücklicher Freund erhöht die Chancen auf Glück um satte 25 Prozent. Meine Freundinnen haben fest versprochen, sich anzustrengen. Nur eine meint, daraus werde nichts, sie habe selbst schlechte Laune. »Kein Problem«, sage ich, »ich bringe dir einfach rote Lackstiefel und eine gelbe Mütze vorbei.«

## *Hauptsache, es macht Krach*

Vor ein paar Tagen bin ich aus dem Schlaf geschreckt. In der Wohnung über mir wurde gehämmert. So ein dumpfes Tock, Tock, Tock. Es war Viertel vor zwei. Am nächsten Tag habe ich bei den Mietern angefragt, ob sie ihre Heimwerkertätigkeit unbedingt nachts ausüben müssten. Dazu könne er nichts sagen, sagte der junge Mann, da habe er geschlafen. Dann rief er grinsend nach hinten: »Schatz, hast du vielleicht heute Nacht gehämmert?« Ha, ha, ha, sehr lustig.

Könnte doch sein. Ich behaupte ja, dass Hand- und Heimwerker erst richtig in Fahrt kommen, wenn sie Publikum haben. Sobald Balkonwetter ist und alle draußen sitzen, tragen sie ihre Schränke ins Freie, lassen den gesamten Samstag über den Schwingschleifer über uralte Lackschichten jaulen – und gehen abends dann vermutlich doch schnell zu Ikea, um sich etwas Vernünftiges zu kaufen.

Was macht ein Heimwerker, wenn er einen Dübel setzen will? Erst mal das Fenster auf. Sonst hört ja niemand, dass seine neue Diamant-Trocken/Nass-Kernbohrmaschine rund läuft.

Bei uns wurde jetzt auch das Dach gedeckt. Das hat mindestens drei Monate gedauert, weil die Handwerker höchstens zwei Stunden pro Tag arbeiteten. Sobald alle wach waren, zogen sie pfeifend wieder ab. Ein anderes Mal hatte ich die Maler, die gern »ä bissle bälder äfange«. Halb sieben polterten sie durchs Haus. Und damit auch wirklich alle aufwachten, riefen sie bedeutsame Sätze wie »Bisch du scho hoch?« – »Ha freilich. Was fragsch so bled.« Um acht gingen sie schon wieder in Feierabend. »Des muss na trockne.«

Bei einer Freundin wird gerade das Nachbarhaus entkernt. Samstags. Mit dem Presslufthammer. Als sie bei der Polizei nachfragte, ob das am Wochenende erlaubt sei, belehrte sie der Polizeihauptwachtmeister: »Sechs Tage sollst du Arbeit tun, am siebten Tage sollst du ruhn.«

Unser Nachbarhaus wurde inzwischen übrigens ebenfalls wieder eingerüstet. Über die Lärmbelästigung kann ich noch nichts sagen, aber jetzt weiß ich wenigstens, warum auf dem Bau nie Frauen schaffen. Wenn die Herren auf den Gerüsten nämlich mal müssen, stellen sie sich einfach an die Hauswand. Vierter Stock. Stört doch nicht. Geht schnell. Und vor allem: Es macht überhaupt keinen Krach.

## *Falsche Baustelle*

Kürzlich kam Post von der Post. Ich möge mal vorbeischauen und eine Strafe zahlen. Auf der Post wedelte der Schalterbeamte mit einem Umschlag, den ich für 86 Cent auslösen sollte. Der Umschlag war völlig neutral. Ob man den wohl öffnen könne, um zu schauen, was ich da überhaupt bekomme? Ausgeschlossen, sagte der Schalterbeamte, er sei erstens nicht befugt, zweitens nicht ermächtigt und ansonsten zudem nicht zuständig. Dann sagte der Mann einen großen Satz: »Das ist Sache der Post.« Ich wollte schon loszetern, er solle mich nicht für dumm verkaufen. Er sei doch die Post. »Aber nein, wir sind doch die Postbank, schon seit zwei Jahren.«

So ist es immer. Nicht zuständig, falsche Baustelle, ham wir nichts mit zu tun. Der Servicepoint verweist auf den Zugbegleiter, der Zugbegleiter ist ein verkleideter Kellner und verweist auf den Zugchef. Der Zugchef verweist auf die Leitstelle. Die Leitstelle ist nicht erreichbar. Bitte wenden Sie sich an den Servicepoint.

Der Reiseveranstalter schiebt es auf die Fluggesellschaft, die Fluggesellschaft ist so lange telefonisch nicht zu sprechen, bis der Reiseveranstalter Feierabend macht.

Ein Bekannter hat mal sein Notebook in Reparatur gegeben, es wurde aber nicht repariert, sondern gestohlen. Leider war keiner zuständig, der Laden schob es auf die Werkstatt. Der Dieb wollte sich aber auch dort nicht zu erkennen geben. Der Bekannte hat dann ein gebrauchtes Notebook bekommen. Aber nur aus Kulanz. Zuständig sei man eigentlich nicht.

Da lobe ich mir den Verkäufer, der mich jüngst in Sachen Tastaturen beraten hat. Doch, doch, er sei zuständig, was ich denn wissen wolle. Ob flache oder hohe Tasten besser seien. Och, sagt er, das mache eigentlich keinen Unterschied. Und was ist von der Tastatur zu 28 Euro zu halten? »Die ist gut«, sagt er. Und die für 45 Euro? »Die ist auch gut.« Dann hat er mir die empfohlen, die ich bereits habe und die miserabel ist. »Komisch«, sagt er, »das behaupten alle. Dabei ist die wirklich sehr gut. Am besten nehmen Sie die wieder. Die kennen Sie doch schon.«

## *Ruhe, Wärme und Diät!*

Plötzlich hatte ich Halsweh. So ein leichtes Kratzen, ein verhaltenes Hüsteln. »Dann aber sofort ins Bett mit dir«, meinte eine Freundin. »Ruhe, Wärme, Diät.« Ins Bett? Wegen Halsweh? »Sicher«, meinte sie, »Ruhe, Wärme, Diät.« So ist das immer. Ob es im Rücken sticht oder im Bein kribbelt, bei jedem Zipperlein verordnet sie Ruhe. Am liebsten wochenlang. Mit erhobenem Zeigefinger erklärt sie dann gravitätisch: »Ruhe, Wärme, Diät!«

Manchmal frage ich mich, warum Ärzte so lang studieren müssen. Ich persönlich bin von zahllosen Experten umgeben. So habe ich eine weitere Freundin, die immer Rat weiß. Bei Rückenschmerzen: Arnikasalbe. Bei Zerrungen und Prellungen: Arnikasalbe. Bei Schnakenstichen: Arnikasalbe. Bei Pickeln, eingewachsenen Fußnägeln, angeschlagenen Ellbogen, blauen Flecken oder Knochenbrüchen: Arnikasalbe. Nur bei Husten, Zahnfleischbluten und Krampfadern empfiehlt sie keine Arnikasalbe. Sondern Arnikatinktur.

Kleiner Exkurs: Arnikatinktur kann man selbst ansetzen. Dazu muss man nur ein paar Arnikablüten mit Doppelkorn aufgießen und etwas ziehen lassen. »Das wirkt Wunder«, pflegt meine Freundin zu sagen. Hierzu kann ich auch etwas beitragen: Doppelkorn ohne Blüten manchmal mindestens genauso. Eigentlich hat ja nie jemand einfach Schmerzen. Sondern immer nur starke Schmerzen. Solche Schmerzen. Wahnsinnige Schmerzen. Saumäßige. Unerträgliche. Das lässt sich nur noch toppen durch »und zwar seit Tagen«. Während »seit Wochen« so viel heißt wie: Eigentlich ist es gar nicht so schlimm.

Übrigens hat heutzutage kaum noch jemand Kopfweh. Sondern immer gleich Migräne. Ein Bekannter hat statt Schnupfen jedes Mal Sinusitis. Husten ist bei ihm eine Bronchialobstruktion. Und Koliken – Koliken hat er besonders gern. Früher hat man dazu, glaube ich, verklemmtes Lüftchen gesagt.

Ich persönlich empfehle ja gern Bewegung. Ob einer unter hohem oder niedrigem Blutdruck leidet, unter Verkrampfung oder Verstopfung, ich rate grundsätzlich zu Sport. Und kann wunderbare Vorträge halten über propriozeptives Training. Über Kreuzheben. Enges Bankdrücken. Glückshormone. Aber das will niemand hören. Spätestens, wenn ich beim Fettstoffwechsel angekommen bin, sagt jemand »Ruhe, Wärme, Diät!«. Oder »Arnikasalbe«.

Als meine Erkältung nicht besser wurde, bin ich dann doch zum Arzt. Er sagte etwas von Bronchialobstruktion und Sinusitis und hat ein Arnikapräparat verschrieben. Ob ich Diät halten müsse, fragte ich noch. »Das nicht«, sagte er, »Ruhe und Wärme reichen völlig aus.«

## *Herr Wilhelm Würgt*

In einem Leserbrief wurde ich wieder als Frau Bauer angesprochen. Der Name, behauptete Thomas Mann, ist »ein Stück des Seins und der Seele«. Deshalb möchte ich in aller Bescheidenheit darauf hinweisen: Ich heiße Braun. Nicht Bauer, Baier, Becker, Böpple, Blödle, Biebelfried oder Biberschwanz. Sondern einfach: Braun. Braun wie Rot. Wie Lilablassblau. Wie Highlandgrün. Oder Erikaviolett. Am Telefon sage ich meistens »Braun wie die Farbe«. »Und wie schreibt man das«, wollte unlängst eine Dame wissen, »deutsch oder englisch?«

Mit au. Wie autsch.

Es ist schon schwierig mit den Namen. Deshalb stellt sich eine Bekannte immer vor mit: »Margit. Wie Maggi«. Andere sagen: Peter wie Paul. Bine wie Bohne. Ute wie Schnute. Anja wie Tanja. Und ansonsten: Hecht wie der Fisch. Heller wie dunkler. Müller wie Meier. Meier wie Müller. Müller wie Schuster. Schuster wie Schneider. Schneider wie Wiesenborski-Haberklau. Und Wiesenborski-Haberklau wie Bauer, pardon, Braun.

In Deutschland gibt es rund eine Million verschiedener Nachnamen. Angeblich kann man anhand der

Häufigkeit eines Familiennamens den Inzuchtkoeffizienten einer Population errechnen. Dazu muss man nur die prozentualen Häufigkeiten p aller Familiennamen quadrieren, dann alle so erhaltenen Quadrate summieren und durch vier dividieren. Damit ist man schon ein gutes Stück weiter.

Der Name Müller ist mit 600.000 der am häufigsten verbreitete, wobei man daraus nicht schließen sollte, dass alle Müllers inzüchtig sind. Auffallend ist aber, dass es noch nie einen Bundeskanzler oder eine Kanzlerin mit Namen Müller, Meier oder Bauer gab. Politiker scheinen sogar häufig ausgefallene Namen zu haben, wahrscheinlich, damit man ihnen keinen hohen Inzuchtkoeffizienten vorwerfen kann. Deshalb heißen sie Anett Kleine-Döpke-Güse (CDU) oder Rita Schwarzelühr-Sutter (SPD). Oder Müller-Piepenkötter. Lösekrug-Möller. Oder Schmelzu-Käser.

Hoffentlich hat jetzt niemand gekichert. Es gilt im Journalismus nämlich die Regel, dass man sich über Namen nicht lustig machen darf. Selbst wenn jemand Wilhelm Würgt oder Gertrude Klohocker heißt.

Zum Schluss noch eine gute Nachricht für werdende Eltern. Puhbert, Pi und Pepsi-Cola sind weiterhin nicht als Namen erlaubt, aber es gibt schönen Ersatz, ganz legal: Pepsi-Carola und Pumuckl.

## *Schwarz und unsichtbar*

Dieser Tage wollte ich morgens eine Hose aus dem Schrank nehmen. Eine schwarze Wollhose. Warum auch immer – aber sie war nicht mehr da. Einfach verschwunden. Es ist schon erstaunlich, wie viele Dinge in einem Haushalt verloren gehen. Zum Beispiel habe ich die vier Strahler meiner Deckenlampe gereinigt. Als ich sie wieder aufhängen wollte, waren es nur noch drei. Dass Pinzetten verschwinden, ist ja hinreichend bekannt. Oder Tupperdeckel, Kugelschreiber und Gebrauchsanleitungen. Rührstäbe für Handmixer. Verschlüsse von Wärmflaschen. Aber dass jetzt sogar komplette Halogenstrahler samt Fassung und Aufhängung abtauchen – das war mir neu.

Eine Freundin musste jetzt schon zum vierten Mal das Ladekabel für ihr Handy nachkaufen. »Verschwörung«, schimpfte sie, »das geht doch mit dem Teufel zu.« Um sie aufzumuntern, habe ich ihr das Mysterium der verschollenen Socken erklärt: Sie werden vom Einhorn geholt. Von einem unsichtbaren, rosafarbenen Einhorn. Hinter jeder Socke, die das Einhorn »entrückt«, steckt die Botschaft einer Göttin. »Papperlapapp«, meinte die Freundin nur. »Man kann nicht rosafarben und gleichzeitig unsichtbar sein.« Kann man wohl. Meine Hose ist ja auch schwarz und trotzdem unsichtbar.

Der TÜV Rheinland glaubt offenbar genauso wenig an die Version mit dem rosafarbenen, unsichtbaren Einhorn. Dort erklärt man das mit den Socken so: Beim Schleudern in der Maschine könne eine Lücke zwischen dem Gummiring des Gehäuses und der Trommel entstehen. Darin versteckten sich übermütige Strümpfe gern mal.

Natürlich habe ich sofort geschaut, ob meine Hose vielleicht in dem Schlitz steckt. Aber da waren nicht mal Tupperdeckel oder Pinzetten drin. Nur Fusseln.

Ich glaube ja, die Hose wurde gestohlen. Von einem Perversling. Von einem, der auf schwarze Wollhosen steht. Der Deckel vom Duschgel ist nämlich ebenfalls weg. Und die Quittung von meinem neuen Föhn. Das muss man sich mal vorstellen: Da schleicht einer in eine fremde Wohnung, fischt aus dem Regal einen Aktenordner und klaut den ordnungsgemäß abgehefteten Beleg vom Föhn. Das ist doch echt krank.

Leute gibt es.

Eine andere Freundin von mir muss dagegen immer nur bei der Nachbarin klingeln, wenn etwas fehlt. Die klappert dann stundenlang im Schrank, bis sie mit dem Schraubenzieher oder der Küchenwaage auftaucht: »So ein Zufall, die wollte ich gerade zurückbringen!«

Nur der Briefkastenschlüssel ist nicht bei der Nachbarin. Wahrscheinlich hat das Einhorn ihn entrückt. »Geht aber auch so«, erklärte mir die Freundin. »Du musst nur um ein Messer Doppelklebeband wickeln, damit kannst du die Briefe rausangeln.«

## *Igitt, steck uns ja nicht an!*

Leider steht mein Auto schon wieder in der Werkstatt. Deshalb hab ich in den vergangenen Tagen häufiger gejammert. »Kauf dir halt einen Mitsubishi«, sagte eine Kollegin. »Warum fährst du auch nicht BMW?«, meinte ein Kollege. Eine Freundin schimpfte, weil sie mein Auto demnächst mal ausleihen wollte. Und ein Bekannter riet mir: »Lass die Kiste einfach verschrotten.«

Herzlichen Dank für die mitfühlenden Worte. Das hat wirklich gutgetan.

Anders als das Tier besitzt der Mensch Einfühlungsvermögen. Er ist empathisch und taktvoll. Im Gegensatz zu beispielsweise Seekühen, Hummeln oder Gabelböcken ist der Mensch der so genannten Perspektivübernahme fähig. Das heißt: Er kann sich in sein Gegenüber sowohl eindenken als auch einfühlen. Das soll hier kurz erläutert werden:

Als ich neulich mit einer Bekannten plauderte, sagte ich: »Ich muss morgen früh auf eine Beerdigung.« Worauf sie antwortete: »Ach ja, ich muss auch früh raus, ich will mir die Haare färben lassen.«

Ein Beutelmaulwurf würde so etwas nie sagen. Ein

Salzkrautbilch ebenso wenig. Aber Salzkrautbilche müssen schließlich nicht zum Friseur und können ausschlafen, solange sie wollen.

Vielleicht sollte man sich einen Hund anschaffen. Eine Freundin behauptet, dass ihr Hund mitfühlender sei als ihr Mann. Wenn sie auf dem Sofa sitzt und Frust-Schoko in sich reinstopft, geht ihr Mann zum Joggen. Anders der Hund: Er schleppt sofort seinen abgenagten Knochen oder einen alten Socken an und legt sein Köpfchen auf ihr Knie. Deshalb ist sie überzeugt: »So Hundle spüren, wenn es einem schlechtgeht.«

Aber mit dem hoch entwickelten Gespür des Menschen ist das natürlich nicht zu vergleichen. Manche hören sogar, wenn jemand Schnupfen hat. Meine Kollegen rufen dann »Igitt! Bleib weg! Steck uns ja nicht an!« und rennen schreiend davon. Wenn man sagt »Ich hab überhaupt nicht geschlafen«, antworten alle »Ich auch nicht« und fangen sofort an, lautstark zu gähnen. Eine Freundin sagt immer, wenn ich mich mal ausheulen will: »Ja, ich weiß.« Was so viel heißt wie »Das interessiert jetzt echt nicht«.

Ich kenne jemanden, der früher eine Ratte hatte. Immer wenn er unglücklich war, holte er sie zu sich ins Bett. Die Ratte war dann auch gleich ganz unglücklich und hat alles vollgeköttelt. Wissenschaftlich ist allerdings nicht bewiesen, ob Tiere Empathie empfinden können. Soweit ich weiß, konnte das nur bei Mäusen nachgewiesen werden.

Zwar hatte ich als Kind weder Maus noch Ratte, dafür aber eine Schildkröte. Die saß immer nur unterm Heizkörper. Bevor sie mal den Kopf aus ihrem Panzer rausstreckte, musste man stundenlang auf dem Boden rumrutschen und »Hallo, huhu!« rufen – aber vergaß dabei garantiert jeden Kummer.

## *Buddhistische Fastenspeise*

Beim Reiten darf, wie ich gelesen habe, der Reiter das Pferd nicht führen, sondern er muss es fühlen. Er sollte kleinste mentale Veränderungen des Tieres registrieren. Sonst wird es nie etwas mit der »vollkommenen Pferde-Mensch-Beziehung«. Fühlen, stand da noch, »ist die Hauptsache«.

Als wäre man nicht schon mit seinen eigenen Gefühlen völlig überfordert. Ich fühle sie nicht. Oder zumindest nicht richtig. Obwohl ich mich ganz stark darauf konzentriere zu spüren, was ich gerade spüre, bin ich oft unsicher, ob ich wirklich das fühle, was ich fühle. In meiner Mundhöhle etwa. Bei der letzten Kontrolluntersuchung habe ich meinem Zahnarzt erklärt, dass mich ein Zahn gewaltig störe. Zu hoch, zu rau, komisch eben. »Das kann nicht sein«, meinte er, »an dem Zahn haben wir überhaupt nichts gemacht.«

Dabei ist es heutzutage so wichtig zu wissen, was man fühlt. Man muss doch seiner inneren Stimme folgen. Sich auf seine Bedürfnisse verlassen. Seinem Ich Raum geben. Eine Freundin weiß im Restaurant trotzdem nie, was sie essen soll. Deshalb wählt sie beim Chinesen nach der Nummer aus. Bestellt ihr Geburtsdatum. Oder ihre Postleitzahl. Und wundert sich dann, wenn sie die »Fastenspeise buddhistischer Art« bekommt.

Apropos Restaurant: Eine Kellnerin hat mir mal erzählt, dass die Gäste in einem leeren Restaurant erst alle Tische abliefen und letztlich doch unzufrieden seien mit der Wahl ihres Sitzplatzes. Manche ziehen sogar noch mit vollen Tellern um. So viel zur inneren Stimme.

Vor ein paar Tagen sollte ich bei einer Telefonumfrage angeben, was ich von meinem Energieanbieter halte. Die erste Frage lautete ungefähr so: »Mein Energieversorger ist hervorragend, engagiert, fantastisch, großartig und toll zuverlässig.« Dann folgten gut vierzig ähnlich schwierige Fragen zur Abrechnungsstellung. Zur Gebäudethermografie. Den Tarifen. Zum Onlinekundenzentrum. Wie ich das finde? Da ich dazu nichts sagen konnte, habe ich mich ganz auf mein Gefühl verlassen. Auf meine innere Stimme. Mein Empfinden. Und habe jedes Mal gewissenhaft geantwortet mit: »Ach, so mittel.«

## *Haare in der Dusche*

Eine Kollegin hat geheiratet. Man weiß ja gar nicht, ob man da gratulieren oder die Brautleute bedauern soll. Sie können einem schon leidtun. Es hängt schließlich an ihnen, ob sich die durchschnittliche Ehedauer von 13,9 Jahren überhaupt noch aufrechterhalten lässt. Da sich ständig jemand scheiden lässt, müssen die Frischverheirateten mindesten die dreifach-diamantene Hochzeit erreichen. Sonst ist die Statistik dahin.

So viel zum Thema: Jedes Töpfchen find sein Dampfkochtopfdeckelchen.

Viele Paare, sagen Psychologen, scheitern, weil sie angeblich »klischeehafte und stereotype, wechselseitig komplementäre Ergänzungsrollen spielen«. Fragt man die Paare dagegen selbst, warum es bei ihnen nicht geklappt hat, heißt es: Weil der andere nie den Tisch abgedeckt hat. Oder die Haare in der Dusche nicht weggespült hat. Ungepflegte Fußnägel hatte. Die Zahnpastatube nicht zugeschraubt hat. Oder ständig rülpsend vor dem Fernseher saß.

Ein befreundetes Paar hat mal eine systemische Paartherapie gemacht. Dabei sollte es um Zirkularität und

Reframing gehen, um Lösungs- und Ressourcenorientierung. Die wahre Erkenntnis kam der Frau aber bei der Lektüre eines Schundblättchens im Wartezimmer. Dort stand, dass Frauen sich so viele Schuhe kaufen, weil sie dem Mann gefallen wollen. Dabei würden Männer überhaupt nicht auf Schuhe achten. Männer interessierten sich für Autos oder Sport, aber nicht für Schuhe. »Siehste«, sagte die Freundin, »deshalb konnte das gar nicht gutgehen.«

Aus genau diesem Grund halten Partnerschaften in Urvölkern auch auffallend lang. Weil man dort barfuß läuft.

In einem Bericht wurde nun erklärt, woran die Liebe bei uns in Wirklichkeit scheitert: am Tanzen. Frauen mögen nämlich Männer, die tanzen können. Aber falls ein Mann überhaupt tanze, wolle er keine Frau in den Armen halten. Sondern? Nur Luftgitarre spielen.

## *Bünzli und Füdlibürger*

Ich habe eine Freundin ertappt. Wir waren spazieren, als sie plötzlich mit dem Fuß Müll zur Seite kickte. Sie tat das mit dieser typischen Geste der Empörung, wie sie ältere Herren an den Tag legen. Nach dem Motto: Einer muss hier ja mal Ordnung schaffen. Da ist mir dieser Satz rausgerutscht: »Du wirst ja auch immer spießiger.«

Natürlich war die Freundin empört. Sie sei nicht spießig. Biskuitrollen seien spießig. Oder Marmorkuchen. Wackeldackel. Klorollen mit Häkelhaube. Und vor allem: Wenn man einen Kohlkopf mit Aluminiumfolie umwickelt und bunte Käsespießchen reinsteckt.

Als würde heute noch jemand Kohlköpfe mit Alufolie umwickeln, um Käsespießchen zu servieren. Heute gibt es doch nur noch Antipasti. Oder Weinblätter. Dips und Tapas und Gambas und Nachos. Bruschetta, Croustini und Chorizo, Dim Sum, Wan Tan und Huntun. Da wäre eine fette Biskuitrolle schon wieder Kult.

Um Missverständnisse zu vermeiden: Der Begriff Spießer stammt nicht vom Käsespieß ab. Den Schweizern scheint das trotzdem zu riskant zu sein. Damit kein schlechtes Licht auf ihre Käsespieße fällt, sagen sie lieber

»Bünzli« oder »Füdlibürger«. Wobei Füdlibürger wiederum nichts mit Cheesburger oder Hot-BBQ-Doppel-Whopper zu tun hat. Füdli ist der schweizerische Popo.

Meine Recherche, was spießig meint, hat interessante Ergebnisse hervorgebracht. Cordanzüge sind spießig, behauptet ein Freund. Er besitzt zwar selbst einen, aber in Blau. »Nur braune Cordanzüge sind spießig«, sagt er, »blaue nicht.«

Ansonsten: Kreppsohlen. Kittelschürzen. Herrenhandtaschen (»Fleischbrühtäschle«). Menschen, die in Vereinen sind. Man sollte sich also gut überlegen, ob man dem Verein der Langschläfer beitritt. Oder dem Verein gegen den Abmahnwahn. Oder womöglich dem Breitengrad-Verein. Alles Spießer.

In einem Buch habe ich gelesen, dass Spießer bereits zu Hause Adressaufkleber für Urlaubskarten beschriften. Sie gehen nie bei Rot über die Straße. Und haben eine Jahreskarte für Hagenbecks Tierpark.

Glück gehabt. Ich bin jetzt zumindest auf der sicheren Seite.

Im Mittelalter galten jene Bürger als Spießer, die die Stadt mit Spießen verteidigten. »Und womit sind die Spießer von heute bewaffnet?«, fragte ich meine spießige Freundin. »Mit Vorurteilen«, sagte die triumphierend. Heute seien die größten Spießer jene, die andere für Spießer halten. »Und sogar saumäßig nette Menschen zu Spießern erklären, nur weil sie mal etwas Müll zur Seite kicken.«

## *Gummistiefel zum Kleid*

Ich bin demnächst auf ein Fest eingeladen. Etwas richtig Großes. Ob das im Freien stattfinde, wollte ich jetzt schon mal wissen. »Ach«, sagt die Freundin, »wir sind da ganz entspannt.« Also: nicht so verkrampft. Nicht so durchorganisiert. Eher locker. Zwanglos. Es kämen an die hundert Leute, sagt sie, »aber ich hab keinen Bock auf Stress.« Sie brachte es auf den Punkt: »Das soll eben nicht so eine geplante Sache werden, also mach dir keinen Kopf.«

Logo. Mal ganz locker. Reläx.

Trotzdem wüsste ich gern, was ich zu dem Fest anziehen soll. Kleines Schwarzes? Oder eher Gummistiefel?

Ein Bekannter muss jetzt Kurzarbeit machen. Worauf sein Sohn nur sagte: »Na, Vadder, dann genießte halt mal entspannt das Wetter. Geld ist doch nicht alles.«

Ich dachte ja, dass nur Jugendliche so eine lässige Lebenshaltung hätten. Bis ich kürzlich bei Bekannten zum Kaffee eingeladen war. Als ich mit meinem Kuchen vor der Tür stand, sagte die Gastgeberin »Fühl dich wie zu Hause« und telefonierte eine halbe Stunde. Währenddessen habe ich halt ihre Spülmaschine ausgeräumt. Als endlich der Tisch gedeckt war, meinte sie »Sahne wäre ja auch schön. Schatz, kannst du schnell zum Supermarkt fahren.« Später musste der Mann dann auch noch zum Getränkehändler. Aber sonst war's nett.

Es muss ja auch nicht immer alles so verzwungen sein. Mach dich mal locker.

Ich freue mich auf jeden Fall auf den Sommer. Im Nachbarhaus sind junge Leute eingezogen. Die sitzen ständig auf dem Balkon und chillen. Wenn es dunkel wird, spielen sie Gitarre. Ich wusste gar nicht, dass man mit zwei Akkorden einen kompletten Abend bestreiten kann und außerdem sogar das gesamte Viertel beschallen. Das Gute: Wenn ich diesen Sommer je überleben sollte, werde ich künftig so was von locker sein, dass ich nicht mal mehr fragen muss, ob man im kleinen Schwarzen oder in Gummistiefeln kommen soll. Sondern einfach beides anziehen. Ganz locker. Ist doch kein Thema.

## *Mein Platz gehört mir*

Ich besitze eine starke Anziehungskraft. Von mir geht magnetische Wirkung aus. Ich muss mich nur in Flugzeug, Zug, Theater setzen – und schon klebt ein Oberschenkel an meinem Bein, reibt sich ein Knie an mir, drückt ein Arm in meine Seite. Männer, junge wie alte, dicke wie dünne (aber vor allem dicke) werden förmlich angesogen von mir. Und jedes Mal denke ich: »Holla, da geht aber einer ran.«

Die bittere Wahrheit habe ich jetzt in einer Zeitschrift gelesen: Männer erobern eben gern. Aber nicht mich, sondern nur den Platz, auf dem ich sitze. Die Armlehne zwischen uns. Denn Männer finden – ich gebe den Bericht ganz unkommentiert wieder –, dass Frauen ruhig Platz abknapsen und ihnen überlassen können. Weil Männer eben Männer und Frauen nur Frauen sind. Eine Emanze würde das wohl so zusammenfassen: »Rücksichtslose Saukerle!«

Es beschäftigen sich sogar Forscher mit der so genannten Proxemik – und untersuchen das nonverbale Kommunikationsverhalten in Hinblick auf die Variable Raum unter Berücksichtigung der Parameter Alter, Geschlecht oder Kulturzugehörigkeit. Sie studieren Vermeidungsverhalten, Distanzzonen und Revierzwang, was allerdings auch nichts daran ändert, dass einem manche Leute im Gespräch auf die Pelle rücken. Bei einem Empfang bog sich kürzlich eine Freundin immer stärker nach hinten. Eh sie endgültig zur Brücke rückwärts ansetzte, rief sie verzweifelt: »O Gott, wollen Sie mich küssen?«

Der persönliche Raum um einen ist wie eine Blase. Südfranzosen, Griechen oder Spanier haben eine kleinere Blase als Deutsche, sagt die Forschung. In Nordeuropa ist das Berühren mit dem Ärmel dagegen ein Grund für eine Entschuldigung. Hallo, werte Herren, habt ihr das gehört? In Nordeuropa berühren sich fremde Menschen nicht! In Nordeuropa sind auch Frauen Menschen. Deshalb möchte ich künftig meinen Zug- oder Theaterplatz für mich haben. Und wenn sich mal einer an mir reiben will, müssen wir schon einen kleinen Ausflug machen – in den Süden.

## *Teleskopstab fürs Handschuhfach*

Bekannte haben sich einen neuen Fernseher gekauft. Einen fetten LED-LCD-TV mit Progressive Scan, Top, List und Flof. Schön flach, aber so breit, dass er nicht mehr ins Regal passt. Deshalb mussten sie einen Fernsehtisch kaufen. Damit die Kabel nicht quer durchs Zimmer laufen, muss das Bücherregal raus. Wenn sie einen kleineren Esstisch anschaffen, kann das Bücherregal ins Esszimmer. Das Sideboard fliegt raus. Die Sachen aus dem Sideboard kommen in die Küche. Die Sachen aus der Küche kommen in den Keller. Im Keller könnten sie das ausrangierte Sideboard gut gebrauchen, es passt aber nicht. Deshalb müssen sie jetzt noch einen Schrank kaufen.

Aber es hat auch niemand behauptet, dass Luxus bequem wäre. Eine Freundin hat einen riesigen Garten. Jede freie Minute muss sie jäten, ernten, säen, schneiden, mähen. Inzwischen hat sie kaum noch Freunde, weil sie ja nie Zeit hat. Der Einzige, den sie noch regelmäßig trifft, ist ihr Physiotherapeut. Weil sie sich beim ewigen Bücken den Rücken ruiniert hat.

Lange Zeit transportierte ein Freund mit einem schäbigen Rucksack Bücher aus der Bibliothek. Doch um mehr Würde in sein Leben zu bringen, hat er sich eine exklusive Aktentasche aus Sattelleder gekauft. Jetzt muss er mehrmals zur Bücherei laufen, weil die Tasche selbst schon so elendig schwer ist, dass er höchstens noch vier Bücher schleppen kann.

Das sind so Gedanken, die einem beim Silberputzen durch den Kopf gehen können. Beim Kämmen der Teppichfransen. Oder im Parkhaus, wenn vor einem mal wieder einer mit seiner Riesenschleuder nicht um die Kurve kommt. Da hat man Twinpower-Turbo, Hybridantrieb, Segel-Modus, 550 Newtonmeter Drehmoment und 7G-Tronic, muss aber aussteigen, um das Parkticket zu ziehen. Braucht einen Teleskopstab, um ans Handschuhfach zu kommen. Und schleicht schweißgebadet durch die City – aus lauter Angst vor Kratzern. Ich sage nur: größer, schneller, langsamer.

Ein Bekannter lehnt Statussymbole und Äußerlichkeiten ab – und gibt stattdessen lieber mit geistreichen Sentenzen an. Als in seiner Gegenwart jemand jammerte, dass man die Designer-Espressotassen von Hand spülen muss, sagte er nur weise: »Du solltest deine Zeit lieber mal mit hochkarätigen Gesprächen verbringen.«

## *Den Tankdeckel anbohren*

Das Tiermedizinische Informationsportal behauptet, die beliebtesten Hundenamen seien Hasso, Benno, Anton und Diego. Der Hund aus unserem Nachbarhaus heißt Maso und ist ein kleines, weißes Fusselpaket. Damit Maso wie auch die umliegende Bewohnerschaft verlässlich wissen, dass Maso Maso heißt, geht Frauchen regelmäßig in den Hinterhof und wiederholt rund fünfzigmal: »Maso.« Sie säuselt: »Maso.« Sie ruft: »Maso.« Sie keift: »Maso.« Sie schreit, sie mahnt, sie röhrt, sie plärrt, sie grölt, sie rügt. Aber meistens brüllt sie einfach nur in wilder Panik: »Maaaasooooo.«

Früher sagte man gern: Leichte Schläge auf den Hinterkopf erhöhen das Denkvermögen. Deshalb schlägt man Videorekorder und Küchenmaschinen, Computer, Scheibenwischer und tropfende Wasserhähne. Eine Freundin hat kürzlich das Farbband ihres Faxgerätes ausgewechselt, worauf sich der Deckel nicht mehr schließen ließ. Zunächst hat sie nur leicht gegen das Farbband geklopft. Dann etwas stärker. Danach hat sie kräftig auf den Deckel geschlagen – und mit einem lauten Krach den Deckel ab- und das komplette Faxgerät in zwei Teile zerbrochen.

Daraufhin ging es aber trotzdem nicht. Es ist nämlich genau andersherum: Mit jedem Schlag schwindet das – eigene – Denkvermögen. So hat ein Freund letztens seinen Tankdeckel nicht aufbekommen. Er überlegte noch kurz, ob er den Deckel anbohren und mit einem Schlauch Benzin einfüllen könnte. Dann hat er aber angefangen, gegen den Verschluss zu klopfen und hämmerte sich zunehmend in Rage. Bevor er anfing, das Auto kurz und klein zu treten, gab ihm der Tankwart den Tipp, den Schlüssel mal in die andere Richtung zu drehen.

Man kennt das: Da drückt und drückt und klopft man auf die Fernbedienung, dabei sind einfach die Batterien leer. Der zivilisierte Mensch nutzt hingegen die Kraft der Sprache: die geballte Macht des wiederholten Wortes. Bei meiner letzten Zugfahrt hatte ein Mann eine falsche Fahrkarte. Vermutlich hätte er am liebsten dem Zugbegleiter die Visage poliert. Hat er aber nicht, sondern nur wiederholt: »Die Karte wurde mir so verkauft. Die Karte wurde mir so verkauft. Die Karte wurde mir so verkauft. Die Karte wurde mir so verkauft.«

Maso! Maso! Maso! Maso! Maaaasoooo!

Da fällt mir noch ein Witz ein: Ruft die Ehefrau ihren Mann wieder und wieder. Der aber reagiert nicht. Später fragt sie, warum er nicht geantwortet habe. »Ich hab es halt erst beim vierten Mal gehört.«

## *Eine Schlange unter dem Bett*

Vor ein paar Tagen kam mal wieder Post. Eine Leserin möchte wissen, ob es sich beim Verfasser dieser Kolumne um eine Frau oder einen Mann handle. Eine interessante Frage. Nach intensivem Nachdenken bin ich zu folgendem Fazit gekommen: Erstens habe ich keinen Bart. Zweitens keine Glatze. Drittens keine Koteletten. Und vor allem muss ich beim Einparken das Radio nicht ausschalten. Wobei die Dame das natürlich nicht wissen kann.

Unabhängig davon spielt es aber keine Rolle, wie man konkret ausschaut. Psychologen behaupten, dass das Gehirn des Menschen bei der Wahrnehmung seiner Umwelt mehr als fünfzig Prozent von sich aus beisteuert. Man könnte auch sagen: erfindet. Zum Beispiel lag vor ein paar Tagen neben meinem Bett eine Kobra. Eine widerliche Schlange. Ich hasse Schlangen. Deshalb bin ich schreiend weggerannt. Als ich später noch mal nach der Kobra schauen wollte, hatte sie sich in einen Gürtel verwandelt. In einen hundsgewöhnlichen Hosengürtel.

Ich bin auch schon haarscharf einem Laternenpfahl ausgewichen, dabei gab es weit und breit gar keinen Laternenpfahl. Manche Leute machen mitten auf der Treppe einen Spreizsprung – und behaupten keuchend »Da war doch grad was«. Eine Freundin schrie neulich ins Telefon »Oh Gott, warte mal schnell«. Weil ein Braunbär über ihre Terrasse lief. Es war dann aber doch nur ein Schatten.

Alles voll verpixelt. Offiziell spricht man hier von einer visuellen Illusion. Einer Wahrnehmungstäuschung des Gesichtssinns. Beim Spazierengehen sagte ein Freund unvermittelt: »Jetzt fahren die schon schwule Tiere durch die Gegend!« Ich weiß nicht, was Sigmund Freud davon gehalten hätte, aber auf dem Lastwagen stand definitiv »Schweinetransport. Lebende Tiere«.

Übrigens ist ein wesentlicher Teil der deutschen Sprache durch Wahrnehmungstäuschungen entstanden. So soll eine Frau im Gesicht ihres Mannes eine Kartoffel gesehen haben. Daraufhin rief sie bei der Duden-Redaktion an und sagte, sie habe gerade die Kartoffelnase erfunden.

Als Kind meinte ich einmal sogar, es mit einer Fata Morgana zu tun zu haben. Auf dem Ehebett prangte mitten auf der Tagesdecke, nun ja, ein Hundehaufen. Nachdem sich ein strenger Duft verbreitete, wurde jedoch deutlich, dass es keine Wahrnehmungstäuschung sein konnte. Sondern der Nachbarhund während des Lüftens einfach nur einen kleinen Besuch abgestattet hatte.

## *Der Ding, der so Haare hat*

Eigentlich wollte ich jetzt mal eine fulminante Kolumne schreiben. Etwas Brillantes. Geistreiches, spritzig und witzig. Aber prompt fällt mir das Thema nicht mehr ein. Einfach auf und davon. Also habe ich eine Freundin gefragt, ob ich ihr eventuell davon erzählt habe. »Ich meine, da war etwas«, sagte sie zunächst. »Ach, nein, doch nicht. Das war, glaub ich, jemand anderes.«

Genau, wahrscheinlich hat sie nicht mit mir, sondern mit dem Ding gesprochen. Oder dem, Mensch, sapperlot, wie heißt er noch, der eine mit den Haaren. Der immer so Hemden anhat. Dieser, ach je. Der Name fängt mit T an. Oder mit M. Und ein R war dabei. Oder war es doch eine Frau? Nein, halt, das war irgendetwas im Fernsehen.

Wie bitte?

Es gibt Leute, mit denen sitzt man bei Tisch, schlägt das Frühstücksei auf und sagt »Kannst du mir mal den Ding rübergeben?«. Obwohl auf dem Tisch weit und breit nichts anderes steht als ein einziger, exakt!, SALZSTREUER, sagen sie: »Wie bitte? Ich verstehe dich nicht. Was soll ich dir reichen? Du musst dich schon klarer ausdrücken.«

Eine Freundin ist immer leicht durcheinander. Als wir gemeinsam im Restaurant saßen, bestellte sie ein »Hach, Mensch, Dings, dieses eine halt«. Wir haben alle mitgeraten: Sprizz? Oder Johannisbeersaftschorle? Alkoholfreies Bier? Irgendwann fiel ihr dann »Schweppes« ein – und die Bedienung kam drauf: Bitter Lemon.

Man wüsste ja gern, wo die Gedanken und Worte ständig hinverschwinden. Erst liegen sie einem auf der Zunge herum – und schon sind sie weg. Ein Freund wollte mir dieser Tage etwas Wichtiges sagen. Erst rätselte er, was das gewesen sein könnte. Dann kamen wir doch kurz ins Plaudern, bis er meinte: »Wir hatten doch gerade so ein interessantes Thema, was war das noch?« Dann kramte er wieder in seinem Hirn – und im Endeffekt haben wir über gar nichts geredet.

Warum erzähl ich das jetzt eigentlich?

Wahrscheinlich wegen dem Ding. Der kann sich zumindest immer an alles erinnern. Sein Name fällt mir gerade nicht ein, der tut aber auch nichts zur Sache. Zumindest war ich jüngst auf einem Fest eingeladen, bei dem er die Runde nicht mit Hallo und Guten Tag begrüßte, sondern nur sagte: »Wir haben uns das letzte Mal über völlig falsche Themen unterhalten.«

## *Gott mag keine Gummibärchen*

Eine Freundin musste letztens mit ihrem Kind zum Arzt. Der Junge hat Warzen an den Füßen. Jetzt müssen sie wochenlang salben und cremen und schmieren und pflegen. Das könnte man leichter haben. Man muss bei Vollmond um Mitternacht dreimal einen Kirchturm umrunden. Entscheidend ist allerdings: Man darf dabei auf keinen Fall an ein Nilpferd denken. Das kann ja nicht so schwer sein. Ich kann mich nicht erinnern, in den vergangenen Jahren überhaupt je an ein Nilpferd gedacht habe.

Mit dem Denken ist es so eine Sache. Ein Freund denkt beim Autofahren grundsätzlich nicht. Er will in die Innenstadt – und fährt an die Peripherie. Er muss nach Hause – und steht vor dem Bahnhof. Er geht einkaufen – und muss danach den gesamten Parkplatz ablaufen und das Auto suchen. Deshalb nimmt er sich regelmäßig vor, »ab sofort ganz arg fest beim Fahren mitzudenken«. Aber dann ruft er doch wieder an und sagt: »Ich weiß grad gar nicht, wo ich stehe.«

Als Kind habe ich mir vorgenommen, in der Kirche nur an den lieben Gott zu denken. Ganz fest. Aber sobald die Orgel spielte, fielen mir die Gummibärchen ein, die ich eingesteckt hatte. Dann erörterte ich im Geist die Frage, warum man die Leute in der Kirche nicht einfach Gummibärchen essen lässt – damit sie den Kopf frei haben für den lieben Gott. Aber nein, man denkt ständig das Falsche. Grübelt nachts im Bett, was man im Büro tun muss. Und denkt im Büro, wie schön es jetzt im Bett wäre.

Der Dalai Lama behauptet: Die Beherrschung der Gedanken ist der Weg zum Glück. Angeblich darf man auch in einigen Meditationskursen auf keinen Fall an ein Nilpferd denken. Nach der ersten Übung hat ein Junge mal stolz verkündet, das sei kein Problem gewesen. Er habe einfach die ganze Zeit an einen Elefanten gedacht. Einen hellblauen.

## *Jetzt geht es in den Knast*

Nun kam schon wieder besondere Post. Angeblich von der Bezirkshauptmannschaft Kitzbühel, Hinterstadt 28. Ha, ha, ha, hab ich mir da laut schallend ins Fäustchen gelacht, gleich hüpft der Räubär Hotzänplotz aus Kitzbühäl mit seinem Knüppäl heraus und sperrt mich ins Loch. Oder will mir eine vieretagige Luxuskassette mit Velourssamt für Goldmünzen und Silberunzen verkaufen, fiderallala.

Leider war es dann doch eine ziemlich reale Strafverfügung wegen Verwaltungsübertretung nach Paragraf 20 Absatz 2. Im Gegensatz zu mir konnte sich der Herr Bezirkshauptmann Harlander präzise daran erinnern, dass ich vor einem Dreivierteljahr durch einen Ort gefahren bin, der sich erstens Kitzbühl spricht, zweitens Kitzbühel (Kitzbühäl!) schreibt und drittens eine hübsche Radaranlage besitzt.

Jetzt will Herr Harlander 36 Euro von mir. Er bietet aber alternativ eine Ersatzstrafe an, die »im Falle der Uneinbringlichkeit der Geldstrafe« in Kraft tritt: zwölf Stunden Ersatzfreiheitsstrafe.

Eigentlich keine schlechte Idee. Erst schläft man sich im Knast eine Runde aus, lässt sich mittags kostenlos bekochen, spaziert dann noch ein wenig durch den Hof – und wenn man am nächsten Morgen mit Bussi, Pfürti-Gott und Streifenpyjama wieder auszieht, könnte man sogar noch ein bisschen auf die Piste.

Da die Fahrtkosten nach Kitzbühel nicht übernommen wurden, habe ich mich dann doch gegen den kleinen Urlaub im Knast entschieden. Dafür kam gerade gestern per E-Mail eine Nachricht vom Bundeskriminalamt. Es wurde Strafanzeige gegen mich erstattet. Angeblich habe ich MP3s und Filme illegal runtergeladen. Mein Rechner ist unter der IP 212.227.116.110 erfasst worden und ich soll jetzt unter dem Aktenzeichen Nr.: # 130067 Stellung beziehen. Diesmal steht sogar ein Freiheitsentzug von fünf Jahren an. Fünf Jahre! Mit etwas Glück werde ich gemeinsam mit dem Räuber Hotzenplotz und dem Bezirkshauptmann Harlander ins Loch gesteckt. Und wo? Natürlich in Kitzbühäl.

## *Ein Mann auf Dienstreise*

Falls jemand schon länger nicht mehr fremdgegangen sein sollte – es wäre jetzt der ideale Zeitpunkt. Zumindest habe ich pünktlich zur Vorweihnachtszeit eine Meldung auf den Tisch bekommen, dass speziell im Advent »heiße Affären« Hochkonjunktur hätten. Mir ist es zwar ein Rätsel, wie man zwischen Jahresabschluss, Steuerkram, Korrespondenzen, Plätzchen und Weihnachtsfeiern noch »anonyme Begegnungen« und »prickelnde Abenteuer« unterbringen will. Aber offenbar pflegen viele Menschen gerade in der besinnlichen Zeit erotische Fremdkontakte: »Sexcapades«.

Das heißt aber nicht, dass ich nicht auch Erfahrung in Sachen Seitensprung besäße. Eine Freundin hatte mal einen Liebhaber. Ich habe ihnen großmütig meine Wohnung für Hüstelhüstel zur Verfügung gestellt. Als ich nach dem ersten Schäferstündchen heimkam, stand mitten im Wohnzimmer ein riesiger Sack mit dem Kram, den sie fürs nächste Mal deponieren wollten: Kissen und Decken und Kerzen und Getränke. Weil das Monstrum in keinen Schrank passte, hab ich es von hier nach da geschoben, versuchte es unters Bett zu pressen und habe es schließlich in der Abstellkammer beim Staubsauger verstaut, wobei die Tür dann nicht mehr zuging. Deshalb war ich doch froh, als sich die Sache nach ein paar Monaten abkühlte.

Zurück zum Advent. Oder halt, Momentchen noch. Bevor jetzt alle ihren Glühwein abkippen und sich in die nächstbeste Sexcapade stürzen, hier einige Tipps aus o.g. Meldung: Wildern Sie nicht im direkten Umfeld. Nach dem Date kein Duschgel benutzen. Vorsicht mit Kratzern auf dem Rücken. Erzählen Sie Ihrem Partner am besten etwas von Schachkurs oder Literaturclub.

So, jetzt können Sie losrennen. Viel Spaß dann mal.

Apropos losrennen: Ich sollte kürzlich einen angereisten Kollegen zum Abendessen ausführen. Kaum war er satt, wurde er ungeduldig. Ich solle ruhig nach Hause gehen. Er wolle sich die Stadt noch anschauen. »Komisch«, sage ich später zu einer Freundin, »was der wohl mit Reisetasche in der Kälte besichtigt?« Die Freundin hat gelacht: »Na, was macht ein Mann auf Dienstreise am Abend?«

Ach so. Hüstelhüstel. Verstehe.

Der heutige Mensch, habe ich gelesen, unterscheidet sich unwesentlich vom Steinzeitmenschen. Er geht aus purer Pflicht fremd: wegen der Arterhaltung. Bestimmt hatte das auch eine Freundin im Sinn, die im Freien ihr Schäferstündchen abhalten wollte. Das ist gar nicht einfach. Sie sind schließlich in einem Weinberg gelandet, der aber so steil war, dass aus der Arterhaltung nichts wurde.

Sie hätten nicht mal fummeln können, jammerte sie später. Weil sie immer weiter den Hang runterrutschten. Und die Hände brauchten, um sich an die Reben zu klammern.

## *Schaltstange in Sondelfingen*

Kürzlich bin ich mit einer Freundin aneinandergeraten. Sie erzählte weitschweifig, dass sie mit zwei verschiedenen Schuhen aus dem Haus gegangen sei. Diese Geschichte hat sie nicht zum zweiten Mal erzählt. Oder zum vierten Mal. Sondern (ich schwör!) zum siebten Mal. Als ich sie höflich darauf hinwies, war sie beleidigt: »Woher soll ich denn wissen, wem ich das schon erzählt habe?«

Das Erstaunliche ist: Man muss im Fernsehen nur eine Szene sehen – und weiß, dass man den Krimi schon kennt. Man weiß, dass keine Schokolade mehr im Haus ist. Kein Knabbergedöns. Kein Bier. Ein Freund erzählt aber bei jedem Anlass, wie er mal die Schaltstange seines R4 in der Hand hatte. In Sondelfingen. Wir rufen dann immer alle »Jaaahaaa, in Sondelfingen bei Reutlingen, das hast du uns schon hundertmal erzählt.«

Das ist aber völlig normal, wie eine Studie herausgebracht hat. Menschen wissen häufig nicht, wem sie was erzählt haben. Dafür funktioniert die Quellenerinnerung einwandfrei: Man weiß fast immer, wer einem eine Information weitergegeben hat.

Deshalb hat mich eine Freundin auch sofort überführt.

Ich hatte ihr erklärt, dass es jetzt Backöfen mit integrierter Mikrowelle gibt. »Wusstest du, dass es so etwas gibt?«, fragte ich. »Ja«, sagt die Freundin, »das hast du mir schon beim letzten Mal erzählt.«

Schade. Man will ja nicht so abrupt verstummen. Deshalb habe ich schnell umgeschwenkt, beiläufig einen Vortrag über Cerankochfelder und Induktion gehalten – und mich rhetorisch versiert zur Pointe vorgearbeitet: »Ganz im Ernst: Ich wusste wirklich nicht, dass es Backöfen mit integrierter Mikrowelle gibt.«

Manchmal können Wiederholungen übrigens hilfreich sein. Eine Freundin bekam vergangene Woche einen Anruf. Ob ihr Brief angekommen sei, wollte eine Frau wissen. »Worum geht's?«, fragte die Freundin. Ob der Brief angekommen sei. »Worum geht es?«, fragte die Freundin wieder. So ging das hin und her, bis die Frau brüllte: »Können Sie eigentlich auch etwas anderes sagen?« »Ja«, meinte die Freundin, »aber erst, wenn ich weiß, worum es geht.« Die Frau hat dann schnaubend aufgelegt.

Dabei wollte sie vielleicht ein interessantes Produkt anbieten. Eine neue Versicherung. Eine Kreditkarte. Oder einen Backofen. Ich weiß nicht, ob ich das schon mal geschrieben habe, aber es gibt jetzt neuartige Geräte – sogar mit integrierter Mikrowelle.

## *Unter der Leiter nicht pfeifen*

Leider ist mein Einfluss auf das Wetter enorm: Kaum fahre ich in die Waschstraße, beginnt es zu regnen. Ich ziehe Sandalen an, und die Temperatur fällt. Ich fahre ans Meer, und Wolken ziehen auf. Kinder kennen das Problem ja auch: Da essen sie einmal nicht auf – und schon gibt es Regen. Eine Freundin muss dagegen nur in einen Supermarkt reinschauen, sofort geht eine Kasse kaputt.

Es hängt eben doch alles zusammen. Man pfeift im Theater, und ein Techniker fällt von der Leiter. Man geht unter einer Leiter durch, und die Katze wird überfahren. Man steigt mit links über eine Katze, und die Leiter fällt um. Man pfeift unter der Leiter, und die Katze fackelt das Theater ab. Da muss man schon ein bisschen vorsichtig sein.

Auch wenn die Psychologie das alles für Egozentrismus hält, behaupte ich: Wir beeinflussen Dinge, ohne es zu ahnen. Vor ein paar Tagen hat einer in aller Frühe das Laub weggeblasen. Deshalb war ich unausgeschlafen und habe mich mit meiner Nachbarin in die Haare bekommen. Sie kam daraufhin zu spät zur Arbeit. Das hat ihr eine Rüge bei der Chefin eingebracht, was ihr so auf den

Magen schlug, dass sie nicht zum Essen ging. Am Ende hatte die Kantine Umsatzeinbußen, nur weil mein Nachbar mit einem Turbo-3.000-Watt-Blas-Sauger durch den Hof jagte, statt zum Besen zu greifen.

Eine meiner Freundinnen stand unlängst mit ihrem Mann in der Küche. Er sagte etwas Blödes, so dass sie ins Straucheln geriet und mit dem Hausschuh in den Hundenapf trat. Darin war eine angerührte Haferflockenpampe. »Du bist schuld«, rief sie empört. Deshalb sollte man in der Nähe eines Hundenapfes nie etwas Blödes sagen und besser auch nicht pfeifen. Sicher ist sicher. So wie ich aus Sicherheitsgründen nie in ein Schwimmbad gemacht habe. Als Kind hat meine Schulfreundin nämlich behauptet, wenn ich ins Becken pieselte, würde das Wasser blau. Und wenn man sogar Regen machen kann, ist ein blaues Freibad doch ein Klacks.

## *Nichts ist unmöglich*

Es gibt die Generation Golf, die Generation X und die Generation Praktikum. Ich persönlich gehöre zur Generation Bofrost. Wir sind mit Tiefkühltruhe groß geworden, mit Eis- und Buttercremetorten und Alaska-Schlemmer-Filet. Man musste nur den Mann von Bofrost anrufen, schon brachte er frittierte Tintenfischringe oder Hähnchenspieße. Das prägt. Mit der Gulaschpfanne Mexiko haben wir gleich noch unsere Lebensphilosophie dampfend aus der Mikrowelle gezogen: Nichts ist unmöglich. Irgendeiner macht immer den Weg frei. Anruf genügt. Wenden Sie sich bitte an unsere Beschwerdestelle.

Als ich mich aber bei meinem Strumpfhersteller beschweren wollte, dass die Größe T4 plötzlich fünf Nummern größer ist und mir die Socken jetzt bis unter die Achseln reichen, stellte ich fest, dass die Firma überhaupt keinen Standort hat. Keine Adresse. Kein Telefon. Nichts. Mehr Glück hatte da eine Freundin, die sich wegen ihres Internetzugangs beschweren wollte. Sie könne eine E-Mail schicken. Aber bitte auf Englisch.

Vor einiger Zeit wollte ich bei meiner Autowerkstatt etwas reklamieren. Die Werkstatt war verschwunden.

Einfach vom Erdboden verschluckt. Da bekommen Sätze wie »nichts ist unmöglich« eine ganz neue Bedeutung.

Wie bei meinem Faxgerät. Es arbeitet einwandfrei, meldet anderen Geräten aber »Übertragungsfehler«. Deshalb kommen Faxe stets fünf- bis zehnmal und bimmelt es nun Tag und Nacht. Früher hätten wir von der Generation Bofrost gesagt: Das muss doch nicht sein. Da ruft man halt mal die Hotline an. Lässt jemanden kommen. Reklamiert. Repariert.

Heute weiß ich: Da lässt sich einfach nichts machen. Man kann Briefe schreiben. Den Mann von Bofrost anrufen. Man kann protestieren und insistieren, schimpfen und strampeln. Man kann sich die Mühe aber auch sparen. Mag sein, dass jemand den Weg frei machen könnte. Aber der hat garantiert kein Telefon.

Als ich allerdings einen Bettelbrief von Greenpeace bekam, hat es mich doch wieder in den Fingern gekitzelt. Also schrieb ich einen geharnischten Brief, man solle mich umgehend wieder aus dem Verteiler nehmen. Ein paar Tage später kam sogar eine Antwort: »Vielen Dank für Ihr Interesse an unserer Arbeit! Gerne schicken wir Ihnen unsere Broschüre. Können wir auf Sie zählen? Rufen Sie uns einfach an.«

## *Chinesisch ist nicht schwer*

Wie heißt die Hauptstadt von Johor? Wo ist der Yssykköl? Und was meint Sihhi Kesekagidi? Ach ja. Das weiß jetzt wieder niemand. Hätte ich mir denken können, dass hier Baumschulniveau herrscht. Deshalb werde ich die Antworten nicht verraten. Ich brauche auch mal eine kleine Seelenmassage. Etwas Balsam für das Ich. Ich möchte mich einfach mal aufplustern und wichtigmachen. Bloß so, für's Ego.

Wie ich festgestellt habe, wirft man dazu am besten Fragen in die Runde. Zum Beispiel: Wer schrieb das »Jahrmarktsfest zu Plundersweilern«? Oder: Aus welchem Gedicht ist »Er sagte, es wäre schon Viertel nach Vier«? Während die anderen anfangen zu grübeln und schwitzen, ruft man kurz »Pisa« – »peinlich« – »plamabel«. Und schon geht es einem viel besser.

Ich war mal bei einem Freund zum Essen eingeladen. Wir saßen gerade bei der getrüffelten Pasta, als er das Thema auf Politik brachte: Wir sollten die deutschen Bundespräsidenten aufsagen. Aber bitte chronologisch. Danach kamen die Kanzler dran. Reihum sollte jeder einen nennen. Bei Kiesinger klingelte zum Glück der Küchenwecker.

Wissen ist eben Macht. Das lässt man Kinder besonders gern spüren. Bei uns hieß es früher: Wir fahren zur Oma. Mitten im Mau-Mau sollte man dann sagen, wie der Berg da drüben heißt. Oder der Fluss. »Das ist noch gar nichts«, meinte eine Freundin als wir Erinnerungen verglichen. Ihr Vater fragte im Auto gern: »Wir fahren jetzt 120 Stundenkilometer bei einem Verbrauch von acht Litern. Im Vierziglitertank befinden sich 23 Liter. Wann müssen wir wieder tanken?« Schweigen auf der Rückbank. »Das ist doch ganz einfach«, rief der Vater. Die Fragerunde endete stets triumphierend: »Unsereiner hat so etwas noch in der Schule gelernt.«

Von wegen. Ich habe in der Schule gelernt: Man muss nicht alles wissen. Man sollte nur wissen, wo es steht. Aber, würde der Lateiner jetzt sagen: Quae nocent, docent. Scientia potentia est. Deshalb werde ich es künftig wie unser aller Väter halten: Man muss nicht viel wissen. Aber das bisschen, was man weiß, muss man den anderen kräftig unter die Nase reiben. Experto credite. Ex nihilo nihil fit. Homo homini lupus.

Ein Bekannter hat seinen Jahresurlaub in China verbracht. Wie er sich denn da orientiert habe, wollte ich wissen. Ach, sagte er, das mit den Schriftzeichen sei gar nicht so schwer. Finde ich ja auch. Oder um mit den Chinesen zu sprechen: Tàijí fengshui chop suey Dim sum Dan bings Hun tun Tsingtao Dàodéjing. Sag bloß, das hat jetzt wieder niemand verstanden? Langsam wird es aber wirklich Pisa. Peinlich. Plamabel.

## *Radfahren mit Kabeltrommel*

Als dieser Tage kurz die Sonne schien, rief eine Frau an. Sie hat ein Handy gefunden und wollte von mir wissen, wem es gehört. Da ich die Nummer nicht kannte, fragte ich nach dem Fundort. »Grad hier«, sacht se, »Schöneberjer Park, hinten bei die Bänke, wa.« Ach so, in Berlin? »Sicher«, sacht se. Ich schlug vor, die Mailbox anzurufen, eventuell nennt der Besitzer da seinen Namen. »Nee«, sacht se, »jeht nich, wann dat klingelt, muss ick dranjehn.« »Nee«, sach ich, »machen Se nicht, gehen Se erst beim zweiten Anruf wieder dran.«

Wir haben dann tatsächlich die Besitzerin ermittelt, eine Freundin, die nun mit einem Blumenstrauß bei Frau S. vorbeischauen wird. Mich hat diese geglückte Aktion in höchste Euphorie versetzt. Endlich gehen wieder Handys im Park verloren. Schon bald werden wieder Sonnenbrillen verschwinden, Pullover liegen bleiben und sich Geldbeutel unter Bierbänken verkriechen.

Jede Jahreszeit hat schließlich ihre spezifischen Verlustsachen. Bei Schnee und Eis würde man ja nie seine Jacke verlieren. Im Winter verliert man Radkappen, Eiskratzer und Tempotücher. Im Sommer liegen Katzenaugen auf den Straßen, einzelne Schuhe und Strümpfe, immer wieder Strümpfe.

Eine Freundin hat im vergangenen Sommer ihren Fahrradschlüssel verloren. Also ist sie mit der Straßenbahn zum Baumarkt gefahren, um eine Flex zu kaufen. Da die fast so viel wie ein neues Rad gekostet hätte, ging sie zum Maschinenverleih und holte zu Hause noch eine Kabeltrommel. Mit Flex-Säge und Kabeltrommel fuhr sie in der Straßenbahn zu ihrem Fahrrad. Dort musste sie nur noch eine Steckdose finden und zwei weitere Kabeltrommeln auftreiben. Das Kettenschloss ließ sich dann aber in Sekundenschnelle durchtrennen – und sie konnte pfeifend mit Flex und Kabeltrommel auf dem Gepäckträger davonradeln.

Im Winter wäre so etwas nie passiert.

Im Winter versucht man, mit Handschuhen Kleingeld aus der Jackentasche zu holen. Dabei fällt der Schlüssel in den Splitt und rollt der Lippenstift weg. Beim Bücken landet der Geldbeutel im Matsch. Später stellt man fest, dass man beim Einsammeln nicht nur den Schal versaut, sondern auch einen Handschuh verloren hat. Mir hat gestern eine Nachbarin einen schwarzen Fingerhandschuh in den Briefkasten geworfen. Ich hab mich schon gefreut, weil ich einen schwarzen Fingerhandschuh verloren habe. Aber nicht den.

Im Sommer wäre das nie passiert. Im Sommer hat man keine Jackentaschen, weil man keine Jacken braucht.

Deshalb hat eine Freundin beim Einkaufen den Geldbeutel auch nur lässig in die Hand genommen. Und irgendwann einfach irgendwo abgelegt.

## *Das hier ist gar nicht lustig*

Diese Kolumne endete kürzlich mit dem Satz: »Langsam wird es aber wirklich Pisa. Peinlich. Plamabel.« Nun schreibt mir eine gewisse Frau P. aus S.: »Wenn etwas blamabel ist, dann plamabel mit ›P‹.« Für diesen Hinweis möchte ich mich recht herzlich bedanken. Denn tatsächlich hatte ich gemeint, dass im Zusammenhang mit Pisa ein solches Wortspiel lustig sein könnte. »Nein«, schreibt Frau P., »waren das noch Zeiten, als diese Artikel von Adrienne Braun noch witzig und überraschend waren.«

Viele Dinge hält man eben nur für lustig. Dabei sind sie es überhaupt nicht. Ich war zum Beispiel am vergangenen Wochenende im Theater. In dem Stück wurde ein Witz erzählt. Ich zitiere: »Warum haben türkische Männer Bärte? Weil sie wie ihre Mutter aussehen wollen.« Ich musste spontan lachen, ganz ohne mein Zutun brach es unkontrolliert aus mir heraus. Dann aber wurde mir umgehend bewusst, dass so etwas überhaupt nicht lustig sein kann. Sondern einfach nur skandalös ist. Total daneben. Eigentlich auch sau plöd. Blumb. Absolut beinlich. Und irgendwie auch plamabel.

Aristoteles hat ja behauptet, dass der Mensch das

einzige Tier sei, das lacht. Dadurch unterscheidet er sich beispielsweise vom Affen. Hieraus ergibt sich allerdings eine schwerwiegende Problemstellung: Wenn jemand über einen Witz nicht lachen kann, ist dann a.) der Witz schlecht? Oder b.) die Person in Wirklichkeit ein Affe?

Einerlei. Ich wollte an dieser Stelle eigentlich noch ein paar Witze loswerden (Treffen sich Merkel und Schröder im Magen von George Bush … Kommt ein Chinese mit einer Blondine auf dem Arm aus der Bäckerei …) Die waren wirklich super. Aber ich möchte jetzt doch nicht riskieren, dass plötzlich jemand feststellt, mit einem Affen beim Frühstück zu sitzen.

## *Gebissreiniger für Spülbürsten*

Eines habe ich noch nie verstanden: Warum darf man Fenster nicht bei Sonne putzen? Bei Regen, das leuchtet ein. Auch bei Schnee, Graupel, Hagel, Niesel, Frost, Morgentau und Raureif. Aber wann soll man seine Fenster denn putzen, wenn nicht bei schönem Wetter? Auf keinen Fall bei Sonne, hat mir eine Freundin letztens wieder bestätigt. Und warum nicht? »Weil man sonst wahnsinnig wird.«

Also habe ich auf Wolken gewartet, bevor ich mit dem Putzen begonnen habe. Je länger ich aber wischte und rieb, desto schmieriger wurden die Scheiben – auch ohne Sonne. Ich hatte zunächst mit einem alten Bettlaken gearbeitet. Dann mit Haushaltstüchern. Schließlich habe ich sogar die Zeitung geopfert. Irgendwann habe ich dann endlich bemerkt, dass das Fettlöser ist. Den hatte ich mal in eine alte Fensterputzmittelflasche umgefüllt.

So kann man sich irren, selbst wenn man nur eine überschaubare Anzahl an Putzmitteln besitzt. Ganz anders eine Freundin: Sie benutzt Grundreiniger, Neutral- und Intensivreiniger. Und sie schwört auf Duftwischpflege, Duschkabinenreiniger, Fliesenreiniger und

Meeresfrische-Gel. So viel Schmutz kann ich gar nicht machen, wie die Reiniger im Schrank stehen hat.

Beim Putzen scheiden sich eben die Geister. Wenn einem Freund in der Küche etwas auf den Boden tropft und er den Fleck wegwischt, muss der Lappen »sofort aus dem Verkehr gezogen werden«. Er hat außerdem zwei Kehrschaufeln, eine für die Wohnung, eine fürs Treppenhaus. Zwei Besen. Zwei Wischmops beziehungsweise Wischmöps oder Wischmöpse. Ich vermute, dass er mindestens dreißig Waschlappen braucht: für oben und unten, hinten und vorne, die vordere Hälfe links, die vordere Hälfe rechts und die Fußrücken und die Fußsohlen, die Wadenbeine und die Kniekehlen und und und.

Selbstverständlich hat er zwei Spülbürsten. Eine fürs Geschirr und eine, um die Spüle abzuschrubben. Eine Großtante von mir putzt wiederum so ziemlich die gesamte Wohnung mit einer einzigen Spülbürste. Die stellt sie dann immer mal eine Runde in Kukident-Gebissreiniger – »dann ist die wieder wie neu«.

Auch bei Unterhosen gehen die Meinungen stark auseinander. Manche Leute tragen die alten Unterhosen noch eine Weile beim Sport, nehmen sie dann als Spüllappen, danach als Fensterputztuch, und zu guter Letzt wandern sie als Öllappen in die Garage. »Das darf man gar nicht, das ist total eklig und unhygienisch und widerlich«, hat eine Freundin mir jetzt erklärt. Wenn sie wieder so etepetete tut, weiß ich aber schon, wie ich sie ganz schnell zum Schweigen bringe. Mit einer einzigen Frage: »Wann hast du eigentlich das letzte Mal deinen Kühlschrank ausgewaschen?«

## *Dr. Anneliese Kolumnise*

Die Arbeitslosigkeit treibt inzwischen absonderliche Blüten. Ich bekomme fast nur noch Spams von promovierten oder sogar habilitierten Akademikern. Zum Beispiel schreibt dieser Tage eine gewisse Dr. Sabrina Schwetzing: »Schokoeis essen macht zu fett.« Dr. Petra Seele fragt dagegen: »Wie abnehmen?« Eine Frau Prof. Dr. Michelle Fuhrmann will sich um »Problemchen im Bett« kümmern. Während Dr. Tanja Hissberger mir diese interessante Botschaft hat zukommen lassen: »Sie lieben eine gute Fiesta.«

Seither lese ich die Spams viel lieber. So ein Doktortitel ist eben etwas Besonderes. Man kann brillante Romane schreiben. Man kann Musik komponieren, die Jahrhunderte überdauert. Man kann einen dreifachen Rittberger springen, zehn Kinder großziehen, sehr schön singen oder einen grünen Daumen haben. Aber man heißt weiterhin Hanno Hoppla. Oder Heidi Huch. Vielleicht auch Anneliese Kolumnise. Wenn man aber mal geforscht hat über »Tierexperimentelle Analysen zur Charakterisierung von ABCA3 in Thrombozyten« oder die »Simulation der Elektronenstrukturen molekularer

Verbindungen der inneren Übergangselemente«, dann darf man sich Doktor Hanno Hoppla nennen. Oder sogar Professor Heidi Huch.

Eine Freundin ging früher zu einem Zahnarzt, der furchtbaren Wind machte wegen seiner wissenschaftlichen Erfolge. Angeblich hatte er über »Die mechanische Festigkeit von In-Ceram-Kronen in Abhängigkeit von der Lagerung in Kunstspeichel« promoviert. Leider war er trotzdem ein miserabler Zahnarzt. Das hat die Freundin aber erst gemerkt, als sie die neuen In-Ceram-Kronen wieder rausreißen lassen musste.

Nomen est omen. Deshalb polieren manche ihren Namen halt ein bisschen auf. Eine Bekannte von mir heißt beispielsweise Marianne. Beziehungsweise: So hieß sie. Zu ihrem vierzigsten Geburtstag hat sie uns verkündet, dass wir sie ab sofort Cosima nennen sollen. Nach dem Fünfzigsten war sie dann aber wieder Marianne.

Ich persönlich arbeite ja auch schon länger auf einen sehr würdigen Titel hin: Frau Prof. h. c. Dr. h. c. mult. Kolumnista A. B.

## *Den Pullover abgeschnüffelt*

Dieser Tage hatte ich eine heikle Aussprache. Eine Freundin schenkt mir seit Jahren Ingwerstäbchen. Dabei kann ich Ingwerstäbchen nicht leiden. Das habe ich ihr jetzt endlich gestanden. »Aber du hast doch immer gesagt, du magst Ingwerstäbchen!«, rief sie gekränkt. »Hab ich nicht«, erwiderte ich. »Doch«, sagte sie, »hast du.« Nein. Doch. Nein. Doch. Nein.

Ausgerechnet Ingwerstäbchen.

Man kann sich ja mal irren. Und ist doch überzeugt, recht zu haben. So hat ein Freund monatelang behauptet, er habe das Buch mit der Signatur 54/2364 in der Bibliothek abgegeben. Es wurden Nachforschungen angestellt. Es wurden Regale abgesucht, Magazine durchgekämmt. Kürzlich hat er dann hinterm Schreibtisch unter der Heizung gesaugt. »Sonderbar«, meinte er nur, »ich hätte schwören können, es abgegeben zu haben.«

So ist das immer. Man legt die Hand ins Feuer. Schwört beim Barte des Propheten. Verwettet die Großmutter. Meine Cousine hat ihr »großes Indianerehrenwort« gegeben, dass wir früher immer Canasta gespielt hätten. »Das war Rommé«, sage ich, »das kannst du deinem Indianer ausrichten: Rommé.« »Nein«, sagt sie. »Canasta.« Der Mensch, hab ich gelesen, hält sein Wissen grundsätzlich für gültig und richtig – sofern »laufende Funktionalität« gewährleistet sei. Er gerät erst ins Wanken, wenn andere das Wissen anzweifeln. Entsprechend streitet eine Freundin seit Jahren mit ihrer Schwester, ob der Vater früher mit der Gabel aus der Salatschüssel gegessen habe. Hat er nicht. Hat er wohl. Hat er nicht. Doch. Nein. Doch.

Vor Jahren hat mal jemand versucht, bei mir einzubrechen. Ich dachte erst, da macht einer Kehrwoche. Als es allerdings immer weiter rumpelte, bin ich doch zur Tür gegangen. Der Einbrecher rannte weg, ließ aber eine gigantische Schweißwolke zurück. Scharf. Beißend. Erschlagend, wie ich dem Polizisten am Telefon drastisch schilderte. »Diesen Gestank«, sagte ich noch, »werde ich nie mehr vergessen.«

Ich musste dann prompt auf die Wache, um den Täter zu identifizieren. Da ich ihn nicht gesehen, sondern nur gerochen hatte, legte man mir seinen Pullover zum Geruchstest vor. Ich habe die Ärmel und Achseln, Vorder- und Rückseite gewissenhaft abgeschnüffelt und meine Nase tief in die blaue Baumwolle gesteckt. Nichts. Es hat zwar ein bisschen gemüffelt. Aber plötzlich war ich eben doch unsicher.

Seither traue ich mir nicht mehr ohne Weiteres über den Weg. Vergangene Woche habe ich eine Freundin abends vor ihrer Haustür abgesetzt, als neben mir ein

Polizeiwagen hielt. Die Polizisten haben zwar streng geschaut, aber nur seltsame Dinge gebrabbelt und wirkten auch sonst recht sonderbar. Bestimmt nur eine Konstruktion meines Geistes. Denn obwohl es absolut ausgeschlossen ist, könnte ich wetten, meine Hand ins Feuer legen und beim Bart des Propheten schwören, dass eine fette Alkoholwolke aus deren Wagen quoll.

## *Auch Gänse haben Vorlieben*

In einer Zeitschrift wurde jetzt behauptet, dass Ringe am Daumen unsympathisch seien. Egal, ob bei Mann oder Frau. Aber, aber, dachte ich da bei mir, Ringe an den Zehen sind doch viel schlimmer. Oder Brustwarzenpiercings. Nasenringe. Selbst Bauchkettchen. Wobei: Es gibt nicht ein plausibles Argument gegen Bauchkettchen. Und trotzdem. Ich finde sie doof. Aus Prinzip.

Es ist ja so eine Sache mit Moden und Neuem. Man weiß nie, wie man reagiert. Ob man etwas mögen wird oder nicht, ist unberechenbar. Eine Freundin lehnt zum Beispiel elektrische Zahnbürsten kategorisch ab. iPods findet sie albern. Navigationssysteme gefährlich. Aber eine 14,7-Megapixel-Sensor-Kamera mit fünffach optischem Weitwinkelzoom – das muss schon sein.

Im vergangenen Winter wollte ich mal wieder Skifahren gehen. Ich besitze hervorragende Ski, nicht mehr ganz neu, aber silbermetallic und mit Skibremse. »Du wirst doch nicht ernsthaft mit den alten Dingern auf die Piste wollen?«, meinte eine Freundin. Doch, sagte ich, diese lächerliche Carving-Mode wolle ich nicht mitmachen. In der Gondel zwischen all den Supercross-Allroundcarvern,

Twintip-Freeride-Ski und Flex-Top-Racecarvern habe ich dann festgestellt, dass mir meine Silbermetallic-Skibremsen-Skier doch nicht mehr so gut gefallen.

Übrigens sollen sogar Einzeller bestimmte Vorlieben und Abneigungen haben. Konrad Lorenz stellte fest, dass seiner Gans Martina auch nebensächliche und völlig zufällige Verhaltensweisen zur lieben Gewohnheit wurden. Hätte die Gans Martina zum Beispiel zufälligerweise von der Post ein grünes Tastentelefon Typ FeTAp 82 erhalten, hätte sie vermutlich eben dieses Modell zum Maß aller Dinge erklärt. So wie meine Nachbarin. Die telefoniert noch heute mit Typ FeTAp 82. In Weinrot.

So kämpft jeder für oder gegen irgendetwas. Aus Prinzip. Ein Freund sagt immer nur »Handtelefon«. Aus Prinzip. Er trägt seine Überweisungen persönlich zur Bank. Auch aus Prinzip. Ein Kollege haut dagegen bis heute seine Texte eisern in die Schreibmaschine. Ich selber habe lange Zeit CDs abgelehnt. Aus Prinzip. Dabei besaß ich längst eine Kompaktanlage mit CD-Laufwerk. Als ich es endlich benutzen wollte, war es natürlich prompt kaputt. Und die Garantie seit Jahren abgelaufen.

## Es darf doch etwas mehr sein

Eine Freundin hat aufgeregt angerufen. Sie hat gestohlen. Besser gesagt: Sie hat gestohlen, es aber nicht bemerkt. Sie hatte eingekauft und Leergut zurückgebracht. Als sie ihre Einkäufe in den Kofferraum lud, stellte sie fest, dass unter den Plastiktüten ein Paket Reiswaffeln und eine gelbe Zucchini lagen. »Ist das nicht schrecklich«, plärrte sie ins Telefon, »ich bin ein Dieb.« Natürlich habe ich gefragt, warum sie nicht an die Kasse zurück ist. »Die hätten doch sofort die Polizei gerufen«, sagte sie aufgeregt, »und dann ist man gleich vorbestraft.«

Ich habe ja auch schon mal einen Einbruch begangen. Ein Klassenkamerad wollte mir imponieren und sagte »Komm, knacken wir einen Kippenautomat.« Da ich ihm ebenfalls imponieren wollte, sagte ich: »Coole Sache, bin ich dabei.« Wir haben ausgiebig an der Camel-Schublade gezerrt und mit Kulis versucht, eine Schachtel rauszuhebeln. Dabei bröselte sogar etwas Tabak unten raus. Ich musste dann aber nach Hause. Deshalb sitze ich nun auch am Schreibtisch und nicht hinter Gittern.

Bevor sich jetzt aber jemand entrüstet: Das war kein versuchter Diebstahl, sondern bloß eine Mutprobe. Mir hat neulich jemand erklärt, dass es einen Unterschied gibt zwischen Klauen und Mopsen. Wenn man mal etwas mitgehen lässt, ein wenig bedupst, betuppst oder behumpst, sei das noch lang kein Diebstahl. Manche Leute sprechen sogar nur von probieren. Sie futtern sich am Obststand durch sämtliche Beeren – und gehen wieder. Mein Gemüsehändler rächt sich auf seine Weise: Alles fünf Euro. Ein Dill, vier Äpfel – macht fünf Euro. Ein Dill, zwei Äpfel – macht fünf Euro. Dann nimmt er eine kolossal krumme Karotte und sagt großmütig: »Und die gibt's noch extra. Geht aufs Haus.«

So geht beim Kassensturz letztlich doch alles Null auf Null aus. Die einen trinken vier Bier, zahlen aber nur drei, die anderen hatten drei, aber der Kellner kassiert aus Versehen vier. Hier darf's doch sicher ein bisschen mehr sein, dort kommt in die Packung etwas weniger rein. So hat am Ende alles seine Ordnung. Gestaunt hab ich trotzdem, als ich vor kurzem Aufsätze für die elektrische Zahnbürste kaufte. Ein Zehnerpack zum Preis von neun Stück. Stand drauf. Drin waren aber doch nur neun. Dafür aber zum Preis von zehn.

## *Nie mehr Olivenöl*

Eine Freundin hat jetzt eine Außenbeleuchtung am Haus montieren lassen. Leider kann man sie nur von innen einschalten. »Von Außenschalter ham Se nichts gesagt«, meinte der Handwerker, »selber schuld.« Ich hingegen habe jetzt den Waschmaschinen-Kundenservice kommen lassen, weil die weiße Wäsche nach dem Waschen fleckiger ist als vorher. Erst schaltete der Monteur sein Notebook an, dann startete er das Testprogramm und meinte: »Habe ich mir doch gleich gedacht: Benutzerfehler.« Will sagen: selber schuld.

Ich nehme nämlich zu viel Waschpulver. Das tun heutzutage fast alle Menschen, erklärte er. Weil die Maschinen so sparsam im Wasserverbrauch sind, schäumt es zwar in der Trommel, wird aber nicht mehr gewaschen. Das wollte ich nicht auf mir sitzen lassen und habe dem Mann den Messbecher gezeigt und geschworen, nie mehr als 38 Milliliter Pulver zu nehmen. »Dann«, sagte der Mann, »sollten Sie künftig ein bisschen mehr Pulver nehmen. Wie soll es sonst sauber werden?«

Während das Notebook die Rechnung ausdruckte, sind wir ein bisschen ins Plaudern gekommen. Ich wollte wissen, warum Lippenstift auch nach mehrmaliger Kochwäsche noch auf der Serviette zu sehen ist? »Lippenstift«, sagte er, »ist ein besonderes Thema, das lassen wir jetzt mal beiseite.« Tomatensoße? Die Tomate, belehrte er mich, sei gleich raus. »Aber heute meint ja jeder, dass er an die Soße Olivenöl tun muss. Kein Wunder, wenn das nicht sauber wird.«

Früher seien Omas Geschirrtücher noch strahlend aus der Maschine gekommen, lamentierte der Mann, »nicht alles wird auf dieser Welt eben besser.« Auch nicht die Waschmaschinen, vor allem meine nicht, die ist nämlich »verfettet«. »Da tun Sie das T-Shirt rein und es kommt mit Fettflecken wieder raus.« Stimmt, das habe ich auch schon gemerkt. Deshalb hab ich ja angerufen bei ihm.

Das nette Gespräch hat mich schließlich 119 Euro gekostet. »Ganz schön viel«, sage ich, »dafür, dass nichts rausgekommen ist.« »Guter Rat ist eben teuer«, meint er. Welchen Rat er mir denn nun geben könne, frage ich. »Ziehen Sie einfach andere Farben an.«

## Gleich ist es Tick nach Tack

Seit drei Jahren hat eine Freundin ihre Fenster nicht mehr geputzt. Sie wohnt im Erdgeschoss. Sobald sie anfängt zu putzen, bleiben die Passanten stehen und sagen »Da können Sie bei mir gleich weitermachen.« Oder: »Ich hab auch noch zwei.« Das ist ihr schließlich so auf die Nerven gegangen, dass sie entschieden hat: lieber dreckige Fenster, als sich wieder diese dämlichen Kommentare abzuholen.

Dabei halten die Leute ihre Einwürfe vermutlich für ungeheuer witzig. Für originell. Für schenkelklatsch-lustig tralala fidirallala. Ein Bekannter antwortet auf »Grüß Gott« grundsätzlich mit »Wenn ich ihn sehe«. Seit Jahren. Tag für Tag. Fragt man, wie es ihm gehe, kommt: »Gestern ging's noch.« Sagt man: »Dann mach's mal gut«, erwidert er: »Ich streng mich an.«

Manche Sprüche sollte man einfach verbieten. Zum Bleistift: Umsonst ist nur der Tod, und der kostet das Leben. Oder: Wie spät ist es? Tick nach Tack. Bei einer Bekannten geht immer der pubertierende Sohn ans Telefon. Ist die Mama da? – Ja. Kann ich sie sprechen? – Ja. Könntest du sie freundlicherweise ans Telefon holen? – Ja.

Würdest du das dann jetzt verdammt noch mal endlich tun? – Na gut.

Selten so gelacht. Dafür gibt es mindestens ein Humor-Diplom mit staatlich geprüftem Juxstempel. Einen Lachorden am goldenen Band. Kürzlich habe ich auf einer Party den mit Abstand besten Witz aller Zeiten gehört. Der Gastgeber sagte: »Ihr müsst euch jetzt aber auch einen Sekt nehmen.« Worauf ein Gast meinte: »Wir müssen gar nichts. Bloß sterben.«

Gott, was haben wir gelacht. So viel Esprit. Dieser Einfallsreichtum. Genial. Das ist fast so feinsinnig wie die Antwort darauf, ob morgen der fünfzehnte November ist: »Den ganzen Tag lang. Von morgens bis Mitternacht.«

Manchmal können einen diese ewig gleichen Sprüche schon aufregen. Nicht immer, aber immer öfter. Dabei gibt es noch Schlimmeres. Zum Bleistift: Wie geht's? Muss. Was geht? Was Beine hat. Wie sieht's aus? Blond und vollbusig.

Jetzt ist dann aber mal Schulz. Schluss mit lustig. Noch so ein Spruch, Kieferbruch. Noch so ein Ding, Augenring. Noch so ein Satz, Zahnersatz.

Ende Gelände. Schicht im Schacht.

Aber halt, wer wird denn gleich in die Luft gehen? Mal keine Panik auf der Titanic. Tief durchatmen. Und jetzt: Träume nicht dein Leben, lebe deinen Traum!

## *Ausrast! Stöhn! Rolleyes!*

Die »Assistentin Adressmanagement Zentralbereich Service Veranstaltungsorganisation der Karlsruher Messe« hat mir eine E-Mail geschickt. Die Dame schreibt: »Sehr geehrte Frau Braun djakfek okajdlkfj Viele Grüße«. Bloß: Was will sie mir damit sagen?

Zunächst habe ich auf Mittelhochdeutsch getippt. Das sieht ganz ähnlich aus: »ôwê war kom mîn trût?« (»Wehe, wo ist mein Geliebter?«). Da ich so nicht weiterkam, habe ich es mit Netzjargon versucht. Hätte sie geschrieben: JFYI EOM IMNSHO J/K SCNR – dann wäre die Sache klar: »Liebe Frau Braun, nur zu Ihrer Information. Diese E-Mail hat keinen Inhalt. Meiner nicht ganz unmaßgeblichen Meinung nach ist sie nur zum Spaß. Entschuldigung, aber ich konnte einfach nicht widerstehen. Viele Grüße«.

Wahrscheinlich ist das Fräulein aber einfach noch ein n00b in Sachen Netzjargon und wollte eigentlich schreiben: PEBKAC RTFM YHBT. Was so viel heißt wie: »Das Problem besteht zwischen Tastatur und Stuhl. Lies das verdammte Handbuch. Du wurdest zum Narren gehalten.«

Wie auch immer: np. NVM. (Kein Problem. Schon gut.) Ich habe die Mail jetzt einfach gelöscht.

Es gab ja immer Dinge, die man nicht versteht. Neulich im Zug telefonierte ein Mann ausgiebig. Es ging um Highpatches. »XY muss stimmen«, sagte er, »bei fünf Mü kommen wir in Teufels Küche.« Inzwischen verstehe ich aber nicht mal mehr meine private Post. »LOL« hat ein Freund jüngst gemailt. Und: *gg*. CUL. Völlig vernünftige Menschen schreiben selbstverständlich: rofl. *blush*. omg. asap.

Ich meine: Hallooo? Ausrast. Stöhn. ;-( Rolleyes. Nerv. Wer soll das denn alles noch verstehen? Hass-Oscar gefällig?

In einem Artikel habe ich gelesen, dass die meisten Leute nicht einmal englische Werbesprüche richtig verstehen. Den Douglas-Slogan »Come in and find out« übersetzen sie mit »Komm herein und finde wieder heraus«. Die Autowerbung »Drive alive« erklärt man sich mit »Fahre lebend«. Und der Youtube-Slogan »Broadcast yourself« meint für viele nichts anderes als: »Dein eigener Brotkasten«.

## *Achtender und A-Zweier*

Ein Bekannter hat mich zum Pastaessen eingeladen. Ein paar Tage vor dem Termin rief er an, um zu fragen, wie viele Nudeln ich essen wolle. Er habe so an die hundertzehn Gramm gedacht. Aber ich könne natürlich auch mehr bekommen. »Dann nehme ich bitte 116 Gramm«, meinte ich spitz, »ich werde sicherlich am kommenden Freitag nach genau 116 Gramm Nudeln satt sein.«

Ich sage nur: Männer. Männer messen, wiegen, zählen und rechnen wahnsinnig gern. Giga- und Megabit, KaEmHa, RAM, Watt, Pixel, Megapixel. Sie angeln Sechspfünder, jagen Achtender und holen samstags im Baumarkt Siebener, sechskantige A-Zweier und Dichtscheiben für Viereinhalb-Senkschrauben. Ein Bekannter arrangiert mit Leidenschaft Gegenstände auf Tischen um. Und zwar so, dass alles parallel zur Tischkante liegt – mit einem Abstand von exakt drei Zentimetern.

Da vertraue ich doch lieber auf mein Gefühl. Und auf Augenmaß. Zum Beispiel beim Arbeiten mit der Bohrmaschine. Erst lege ich die Wasserwaage an, dann werden die Stellen an der Wand mit Bleistift markiert – und hinterher passt es trotzdem nicht. Aus Erfahrung kann ich aber sagen: Je mehr Löcher man bohrt, desto größer ist die Wahrscheinlichkeit, dass sich irgendwann der Klorollenhalter montieren lässt. Und überhaupt: Wozu gibt es denn Spachtelmasse?

Unter anderem habe ich schon Hosen nach Augenmaß gekürzt. Das möchte ich jetzt aber nicht vertiefen.

Es soll Leute geben, die sogar ihre Wäsche wiegen, bevor sie sie in die Maschine stopfen. Wenn es ein paar Gramm zu viel sind, schneiden sie wahrscheinlich einen Ärmel ab. Es ist eben nicht so einfach, das richtige Maß zu finden. Angeblich vertrocknen die meisten Zimmerpflanzen nicht, sondern ersaufen. Nach dem Abwasch schäumt es noch stundenlang aus dem Abfluss. Als ein Freund mal »lieber ein bisschen mehr« Öl ins Auto kippte, kostete ihn das fast ein Monatsgehalt.

Eine Freundin hält trotzdem nichts von Maßregelungen und Vorgaben. Deshalb kocht sie aus Prinzip nicht nach Rezept. Als sie einmal Linsen machen wollte, löste sie auch dieses Problem intuitiv: Um die Soße dunkel zu kriegen, nahm sie einfach ein paar Löffel Kakao.

## *P wie Pudding, S wie Sahnesteif*

Dieser Tage war ich auf einer Abendgesellschaft. Zu fortgeschrittener Stunde gab es ein Ratespiel. Die Kandidaten sollten schätzen, wie viele der Besucher ihre Unterhosen nach Farben sortieren. Dreißig Prozent? Fünfzig? So ein Blödsinn, dachte ich. Garantiert gibt es in diesem Saal nur eine einzige Person, die auf so eine dämliche Idee kommt. Trotzdem habe ich mich bei der Abstimmung mutig gemeldet und auf das tosende Hohngelächter gewartet. Aber nichts. Im Gegenteil. Es haben sich fast alle gemeldet. Männer wie Frauen. Woraus man schließen darf: Mindestens achtzig Prozent der Bevölkerung sortieren ihre Unterhosen nach Farben. Willkommen im Club.

Ich habe auch lange Bücher nach Farben und Größen geordnet. Das hat wunderbar funktioniert, aber für Spott gesorgt. Also habe ich ein komplexes Kombinationssystem entwickelt, bei dem nach Nationalitäten und Alphabet sortiert wird mit Sektionen für Drama, Prosa, Lyrik unter Einbeziehung von Primär- und Sekundärliteratur, Propädeutiken, Enzyklopädien, Lexika, Kompendien, Katalogen und Vokabularien. Seither finde ich so gut wie nichts mehr. Vor allem gibt es keinen vernünftigen

Platz mehr für das Mainzelmännchen-Sammelalbum und »Schlager, die wir nie vergessen«.

Im Grunde ist man die meiste Zeit des Lebens ja beschäftigt mit einfüllen, umfüllen, nachfüllen. Stapeln, schichten, umschichten. Abheften, ablegen, verlegen. Immer auf der Suche nach einem vernünftigen System. Ich habe als Kind versucht, Briefmarken zu sammeln. Aber ich weiß bis heute nicht, wie man Heinrich Heinemann zu fuffzich Pfennig, die fromme Helene, Römische Verträge, Blumenmarken aus Indonesia und Sportmotive der Magyar Posta einsortieren soll.

Eine Freundin schwört grundsätzlich auf ihr Kistensystem. Briefe, Postkarten, Fotos – alles wird »'nei g'schmisse, bis es voll ist«. Das sei sogar chronologisch geordnet: »Je weiter unten, desto älter.« Eine andere Freundin heftet dagegen alles ab. Prospekte, Artikel, sogar Packungsbeilagen von Medikamenten. Seither verschwinden höchstens noch die Medikamente selbst – aber nicht mehr die Waschzettel.

Angeblich gibt es sogar Leute, die ihre Backzutaten alphabetisch sortieren. P wie Puddingpulver, S wie Sahnesteif und V wie Vanillezucker. Wobei auch ich schon mal überlegt habe, ob ich die Gelatine nicht einfach klein schneide. Damit sie endlich in die Dose passt.

## *Pullover gehören nicht in die Hose*

»Darüber solltest du mal schreiben«, sagte eine Kollegin beim Mittagessen zu mir. Ich war gerade dabei, vom panierten Camembert den Bierteig abzukratzen und an den Tellerrand zu schieben. Das sorgte für Gelächter. Für Spott und Kopfschütteln. Schließlich sagte es die Kollegin frei heraus: »Du bist ganz schön komisch.«

Stimmt. Ertappt. Ich bin komisch. Und zwar gern. Da ist man doch in allerbester Gesellschaft: Michael Jackson ist ebenfalls komisch gewesen. Karl Lagerfeld ist es immer noch. Oder Lady Gaga. Gregor Gysi. Paris Hilton. »Nein«, sagt eine Freundin, »Paris Hilton ist nicht komisch. Paris Hilton ist einfach nur dumm.«

Ich werde immer wieder von Lesern gefragt, ob ich tatsächlich so komische Freundinnen hätte. Dazu kann ich nur sagen: Ich kenne noch deutlich komischere Leute. Eine Kollegin trinkt zum Beispiel ständig kalten Kaffee aus der Dose. Das finde ich persönlich komisch. Oder: Pfefferminztee mit Milch. Cola mit Bier. Cola ohne Bier. Oder Leute, die den Pullover in die Hose stopfen. Die ständig »Aye, aye, sir!« sagen. Kürzlich hatten wir einen Praktikanten, der das Messer beim Schneiden wie einen

Kugelschreiber hielt. Er hat außerdem so durch die Zähne gepfiffen. Da muss man kein Psychologe sein, um zu wissen: Der ist irgendwie komisch.

Bloß: Was ist überhaupt komisch? Der Begriff geht auf das griechische Komikos und auf Komos zurück, was den Umzug einer singenden Schar meint. Aristoteles meinte, das Komische sei ein »mit Hässlichkeit verbundener Fehler«. Aber was hat vom Camembert entfernter Bierteig a.) mit einem fröhlichen Festzug oder b.) mit einem mit Hässlichkeit verbundenen Fehler zu tun? »Nichts«, sagt die Kollegin, »ich meine auch nicht komisch wie Komik, sondern wie Komischheit.«

Das klingt jetzt aber auch komisch. Muss das nicht Komischkeit heißen?

Eine Gesellschaft kann nur existieren, wenn die Menschen komisch sind. Diese Theorie hat eine Freundin jetzt aufgestellt. Beim Komischsein gehe es um die »existenzielle Notwendigkeit zur Differenz«. Anders gesagt: Wenn sich alle Menschen immer einig wären, müssten folglich alle miteinander befreundet sein. »Dann müsste man ja auch allen immer etwas zum Geburtstag schenken.«

Eben. Deshalb werde ich weiterhin den Bierteig vom Camembert runterkratzen. Wo sollte ich sonst mit den Bergen von Geburtstagsgeschenken hin?

## *Kochen können die ja gar nicht*

Eine aktuelle Untersuchung hat ergeben: Angestellte verbringen im Jahr 65 Stunden damit, Büroklatsch zu verbreiten. Die gute Nachricht dabei: Das ist richtig und wichtig. Denn Klatsch dient dem sozialen Zusammenleben. Er legt Regeln fest, an die wir uns halten, damit die anderen nicht auch über uns lästern.

Ein Beispiel: Wenn der Flurfunk verbreitet, dass Kollege X wieder Arbeit an Kollegin Y abgeschoben hat, wissen alle: Das gehört sich nicht. Das tut man nicht. Wenn man schon Arbeit abdrückt, sollte man sich nicht dabei erwischen lassen.

Im Koran wird behauptet: »Wer über andere lästert, isst auch seines toten Bruders Fleisch.« Was allerdings nicht daran hindert, es trotzdem zu tun – lästern, meine ich. Ich kenne Leute, die reden über niemanden so schlecht wie über ihre besten Freunde. Weil die »sich jetzt so einen albernen Whirlpool kaufen wollen«. »Und das letzte Fest bei denen stiiinklangweilig war.« »Und kochen, kochen können die ja überhaupt nicht.«

Im Radio gab es mal eine Sendung, bei der man erzählen durfte, was einen am eigenen Partner nervt. Die

Drähte liefen heiß. Es wurde über Ess- und Schlafgewohnheiten hergezogen, über Felgenpolitur, Räuspern und Lockenstäbe, über Singen am Steuer oder Spucken bei Zischlauten. Über abstehendes Hinterhaar und abgefutterten Lippenstift. »… und wenn er krank ist, zieht er seinen ältesten, ausgeleierten Pulli an, liegt unter einem Berg von Tempos auf dem Sofa und will, dass ich ihn küsse!«

Lästern ist der Stuhlgang der Seele, habe ich gelesen. Es dient der Psychohygiene. Wie auch immer, eines ist sicher: Über andere zu lästern ist nicht in Ordnung. Aber es entspannt wahnsinnig.

## *O selig, ein Kind zu sein*

Letztens sah ich eine Kindergartengruppe. Es ist ja im Moment ein ziemliches Sauwetter. Deshalb hatten die Kleinen bunte Regenjacken an und stapften tapfer mit Gummistiefeln durch den Sturm. Bestimmt hatten sie rote Bäckchen, und es lief ihnen der kalte Regen übers Näschen. So genau konnte ich das nicht sehen, ich fuhr im Auto an ihnen vorbei. In diesem Moment kam mir ein schöner Satz in den Sinn: »O selig, o selig, ein Kind noch zu sein.«

Ich hab dann erst mal die Sitzheizung höher gedreht.

Damit jetzt kein falscher Eindruck entsteht: Ich finde es sehr wichtig, wenn Kinder an die Luft kommen. Wenn sie sich bewegen, wenn sie rennen, radeln, rollern. Es heißt ja auch: Laufen ist für Gehfähige gesund. Nur ich persönlich fahre einfach lieber Auto, vor allem, wenn es regnet.

Mit ist aufgefallen, dass Erwachsene in der Gegenwart von Kindern oder jungen Menschen zu einem wandelnden Zitatelexikon werden. »Übung macht den Meister«, sagt man dann plötzlich. »Von nichts kommt nichts.« »Man lernt fürs Leben.«

Das gilt natürlich nur für Kinder. Damit jetzt kein

falscher Eindruck entsteht: Ich finde es völlig richtig, dass man Kindern sagt: »Mit vollem Munde spricht man nicht« oder »Es wird gegessen, was auf den Tisch kommt«. Aber ich unterhalte mich halt gern beim Essen. Und Zwiebeln, Paprika, Speck, Omelett, Gurken, Fischsuppe, Blutwurst und Erdbeermarmelade mag ich nicht. Will ich nicht. Ess ich nicht. Ende der Diskussion.

»Wer zu spät kommt, den bestraft das Leben.« »Eile mit Weile.« »Vor dem Essen Händewaschen nicht vergessen.« Und vor allem: »Wer den Heller nicht ehrt, ist des Talers nicht wert.« Das fiel mir ein, als kürzlich auf dem Parkplatz fünf Cent lagen. Damit jetzt kein falscher Eindruck entsteht: Ich finde es wirklich wichtig, Respekt vor Geld zu haben. Aber ich war einfach zu faul, mich zu bücken.

## *Attentat mit Hühnerei*

Kaum kam die Sonne heraus, hat einer bei uns im Haus mit dem Frühjahrsputz begonnen. Er hat die Teppiche ausgeschüttelt. Den Balkon gefegt. Tote Fliegen entsorgt. Den Besen ausgeklopft. Betten, Wischmopp, Staubwedel und Staubtücher ausgeschüttelt. Jetzt habe ich seinen Winterdreck auf meinem Balkon.

Alles Gute kommt schließlich von oben. Frau Holle schüttelte die Bettfedern aus. Zeus rieselte als Goldregen auf die Erde hernieder. Eine Freundin hatte dagegen im vergangenen Sommer ein rohes Ei auf dem Balkon. Kein Amsel- oder Taubenei, sondern eindeutig ein Hühnerei. »Das«, sagt sie, »war ein Attentat auf mich.«

Apropos Attentat: Falls bei jemandem ein Lavendelbäumchen landen sollte – das war kein Attentat, sondern ist mein Lavendelbäumchen. Das hat sich beim letzten Sturm selbstständig gemacht.

Gut, dass wir heutzutage nicht mehr in Nachttöpfe machen, sondern nur noch Teppiche, Betten und Staubtücher am Fenster ausschütteln. Der Staub landet in der Wohnung einen Stock tiefer, bis dort gewischt und das Staubtuch wiederum am Fenster ausgeschüttelt wird. So wird der Staub von Etage zu Etage weitergereicht, bis er sich als Schmutz auf der Straße sammelt. Dann fährt der Reinigungsdienst vorbei und bürstet ihn in den Rinnstein. Beim nächsten Wind wird er aufs Trottoir geweht. Und am Samstag kommt garantiert morgens um sieben einer mit einem 4-Takt-Laubbläser und bläst den ganzen Schmotter aufs Nachbargrundstück.

(Zitiert aus: »Braun'sche Staubkreislauflehre – eine Fortschreibung der Wasserkreislauflehre im Hinduismus«.)

Alles Gute kommt von oben – das hat sich wohl auch der Besitzer des Restaurants gedacht, in dem ich vor einigen Wochen gegessen habe. Seine Gäste können sich das Parfüm sparen. Beim Öffnen der Toilettentür wird nämlich nicht nur automatisch die Luft beduftet, sondern gleich noch der Besucher geduscht – mit leckerfeuchtem WC-Zitrusfrischeduft.

## *Die Worscht ist unerforscht*

Dieser Tage saß ich morgens gut gelaunt am Computer. Adrett gekleidet, frisch gestriegelt und gebügelt. Wohlig dampfte der Tee. Die Vöglein zwitscherten in der Sonne. Die Bienen rieben ihre Hinterteile an den Blumen. Dann habe ich den Tee umgeworfen. Er verteilte sich auf Hose, Bluse, Stuhl. Er kroch in die Schubladen und arbeitete sich in die Kontoauszüge hinein. Er lief die Wand hinunter. In diesem Moment kam mir ein Sprichwort in den Sinn: Was man nicht im Kopf hat, hat man in den Beinen. Wobei ich ergänzte: »Was man nicht in der Tasse hat, hat man in der Tastatur.«

Dieser Moment des Schreckens setzte bei mir unerwartet ein Feuerwerk an Fantasie frei: »Morgenstund hat nicht immer Tee im Mund«, rief ich übermütig. Und: »Beim Kleckern wird der Faule fleißig.« Dann habe ich – eins, zwei, drei, bei Issos Keilerei – den ganzen Mist aufgewischt.

Man soll den Tag eben nicht vor dem Putzen loben. Eine Freundin von mir verwendet ebenfalls wahnsinnig gern Sprichwörter. »Scher dich hin, wo der Teufel wächst«, sagt sie. Wenn man zu ihr in den dritten Stock raufschnauft, begrüßt sie einen mit »Langsam nähert sich das Eichhörnchen«. Zum letzten Geburtstag hat sie mir eine Bodylotion geschenkt – mit den Worten »Steter Tropfen ölt das Bein«. Ich sage dafür immer: Geld macht nicht glücklich. Aber reich.

So schwirren einem Wörter, Sätze, Gedanken durch das Köpfchen. Verirren und verlaufen sich. Stolpern über Synapsen, rempeln an Neuronen. Suchen Sinn und Botschaft. Ohne Schweiß kein Preis, ruft es hier. Gut Ding will Langeweile haben, hallt es dort. Kommt Zeit, kommt Tat. Was lange währt, wird auch nicht gut. Ist der Ruf erst ruiniert, tippt es sich recht ungeniert. Von nichts kommt auch kein Text.

Bloß – was wollte ich jetzt eigentlich gesagt haben?

Der spanische Schriftsteller Miguel de Cervantes hat behauptet, dass ein Sprichwort ein kurzer Satz sei, der sich auf sehr lange Erfahrung gründe. Als Beleg fällt mir da ein: »Der Magen einer Sau, die Gedanken einer Frau und der Inhalt einer Worscht bleiben ewig unerforscht.« Oder »Wenn's Ärschle brummd, isch's Herzle gsund!« Bemerkenswert ist auch diese Sentenz: »Herrenfürze sind nun mal edler.«

Da will man doch gleich wieder den Tee umkippen und ins Reich der Fantasie entfleuchen. Wer sündigt, schläft nicht. Wie man sich füttert, so wiegt man. Nachts sind alle Ampeln grün. Journalistenmund tut Wahrheit kund. Wie zum Beispiel diese: Für jede Dummheit findet sich einer, der sie sagt.

## *Das neue Jahr wird wunnebar*

Kürzlich hab ich aufgeräumt
Und festgestellt: Ich hab versäumt
Die Oster-Deko abzuhängen.
Was ich jetzt tu – zu Weihnachtsklängen.

War nicht gerade Erster Mai?
Dann sommerfrisch und sockenfrei?
Ich war doch erst Gewürze kaufen,
Schon sind sie wieder abgelaufen.

Was war das Jahr denn so in Eile?
Ich wünscht, es ging noch eine Weile.
Ein Weilchen tät ich noch bereu'n
Und dann mich auf was Neues freu'n.

Was Großes würd ich gern beschließen
Und ordentlich mit Sekt begießen.
Ein guter Vorsatz muss doch sein.
Fällt mir nicht irgendetwas ein?

Schluss mit Süßigkeitsverzehr?
Rauchen tu ich eh nicht mehr.
Sport ist schädlich für die Knie.
Schnäpschen mocht ich auch noch nie.

Ganz nach oben könnt ich streben,
Für höchste Macht jetzt alles geben.
Mit Coach und Co. mich profilieren
Und einen Chefjob akquirieren.

Doch ach, da schreit's schon: Rezession,
Für Neuverträge Minderlohn.
Als Boss müsst ich doch nur sanier'n,
Mich selbst womöglich liquidier'n.

Da werd ich lieber Mönch und weise,
Sag »Ommm« und geh auf Tibetreise.
Könnt meine Seele gründlich putzen,
Müsst halt die Haare dafür stutzen.

Moment! Jetzt kitzelt's mich im Ohr.
Da trägt doch einer etwas vor.
»Ich bringe eine Botschaft dir:
Tibet ist nicht – du bleibst hier!

Spring lieber auf den Zug der Zeit
Und sei für Fortschritt stets bereit.«

Wer spricht? Weist mir die Richtung?
Für diese Jahresabschlussdichtung?

Egal, es gilt: Ich bin dabei,
bei jeder Zukunftshuberei.
Will mich als topmodern erweisen,
Bevor auch ich werd altes Eisen.

Mit Multiplayer-Kampfsystem
Werd ich bald souverän umgeh'n.
Für Neural-Impulse-Actuator
Bin ich schon bald Eins-a-Berator.

Ich kenn mich aus mit Deal Extreme
Plaudere Inglisch ganz bequem.
In Blogs geh ich fortan spazier'n,
Kann Fun-App iBoobs prompt kapier'n.

Jetzt bin ich doch euphorisiert:
Hurra, ich werd modernisiert.
Ich meld mich gleich zum Update an,
Danach kommt noch ein Upgrade ran.

Kurzum, ich muss zur Zukunft eilen.
Noch schnell den Lesern dieser Zeilen:
Möge der Fortschritt uns beglücken!
Auf ein Neues – ohne Tücken!

# Inhalt

| | |
|---|---:|
| Vorwort | 5 |
| Das Schadige durchsetzen | 11 |
| Socke S und Saugender S 1 | 14 |
| Staubmagnet mit Mikrofaser | 16 |
| LSD bei der MFG mit BKB | 18 |
| Die Salatblätter hängen am Popo | 20 |
| Da muss ein Knopf dran | 22 |
| Mit dem Müll zur Hauptpost | 25 |
| Saure Milch für die Kollegen | 28 |
| Hauptsache gespart | 31 |
| Das ist so etwas von behind | 33 |
| Teilstrecken erwandern | 36 |
| Berliner sagen oft Schweinkram | 38 |
| Hauptsache schwimmend | 40 |
| Deppen mit Steppdecken | 42 |
| Komm mal auf den Teppich! | 44 |
| Mit dem inneren Kind arbeiten | 46 |
| Pimpanella isst den Tella | 48 |
| Die Pompadour ist eine Hahaha | 50 |
| Flach wie ein Omelett | 52 |
| Tutti Bikini capta sunt | 54 |

| | |
|---|---|
| Putzend im Gymnastikraum | 56 |
| Berlin ist besser als Bempflingen | 58 |
| Siegelnaht mit W-Zacken | 60 |
| Teuer ist am billigsten | 62 |
| Sieh mir in den Blackberry | 64 |
| Viel essen macht schlank | 66 |
| Der Dreck ist von denen | 69 |
| Mach nicht so ein Getörin! | 71 |
| Kalten Sprudel auf den Kopf | 73 |
| Es grünt so grün mit Sidonet | 75 |
| Wanzen, tanzen oder schwanzen? | 78 |
| Gruß vom Ornithologen | 80 |
| Ein frischer, moderner Tarif | 83 |
| Nach hundert Metern links | 85 |
| Funksteckdosen sind genial | 87 |
| Die drüben schaffen nichts | 89 |
| Tendenziell ist es meistens so | 91 |
| Juchhu, Herr Nachbar duscht | 94 |
| Avanti dilettanti | 96 |
| Kekse machen patriotisch | 98 |
| Hauptsache, es macht Krach | 101 |
| Falsche Baustelle | 103 |
| Ruhe, Wärme und Diät! | 105 |
| Herr Wilhelm Würgt | 107 |
| Schwarz und unsichtbar | 109 |
| Igitt, steck uns ja nicht an! | 112 |
| Buddhistische Fastenspeise | 115 |

| | |
|---|---|
| Haare in der Dusche | 117 |
| Bünzli und Füdlibürger | 119 |
| Gummistiefel zum Kleid | 121 |
| Mein Platz gehört mir | 123 |
| Teleskopstab fürs Handschuhfach | 125 |
| Den Tankdeckel anbohren | 127 |
| Eine Schlange unter dem Bett | 129 |
| Der Ding, der so Haare hat | 131 |
| Gott mag keine Gummibärchen | 133 |
| Jetzt geht es in den Knast | 135 |
| Ein Mann auf Dienstreise | 137 |
| Schaltstange in Sondelfingen | 140 |
| Unter der Leiter nicht pfeifen | 142 |
| Nichts ist unmöglich | 144 |
| Chinesisch ist nicht schwer | 146 |
| Radfahren mit Kabeltrommel | 148 |
| Das hier ist gar nicht lustig | 151 |
| Gebissreiniger für Spülbürsten | 153 |
| Dr. Anneliese Kolumnise | 156 |
| Den Pullover abgeschnüffelt | 158 |
| Auch Gänse haben Vorlieben | 161 |
| Es darf doch etwas mehr sein | 163 |
| Nie mehr Olivenöl | 165 |
| Gleich ist es Tick nach Tack | 167 |
| Ausrast! Stöhn! Rolleyes! | 169 |
| Achtender und A-Zweier | 171 |
| P wie Pudding, S wie Sahnesteif | 173 |

| | |
|---|---|
| Pullover gehören nicht in die Hose | 175 |
| Kochen können die ja gar nicht | 177 |
| O selig, ein Kind zu sein | 179 |
| Attentat mit Hühnerei | 181 |
| Die Worscht ist unerforscht | 183 |
| Das neue Jahr wird wunnebar | 185 |

© 2011 Klöpfer und Meyer, Tübingen.
Alle Rechte vorbehalten.
ISBN 978-3-86351-007-7

Lektorat: Melanie Wohlfahrt, Tübingen.
Umschlaggestaltung: Christiane Hemmerich
Konzeption und Gestaltung, Tübingen.
Frontispiz: Wiebke Trunk, Stuttgart.
Herstellung: Horst Schmid, Mössingen.
Satz: Alexander Frank, Ammerbuch.
Druck und Einband: Pustet, Regensburg.

Mehr über das Verlagsprogramm von Klöpfer & Meyer
finden Sie unter: *www.kloepfer-meyer.de*